Anthropologismus

论人本德育的幸福价值追求

郭振东 / 著

山西出版传媒集团　三晋出版社

图书在版编目（CIP）数据

论人本德育的幸福价值追求/ 郭振东著. --太原：三晋出版社，2024.11 --ISBN 978-7-5457-3097-5

Ⅰ. G41

中国国家版本馆CIP数据核字第20241EK100号

论人本德育的幸福价值追求

著　　者	：郭振东
责任编辑	：落馥香
出 版 者	：山西出版传媒集团·三晋出版社
地　　址	：太原市建设南路21号
邮　　编	：030012
电　　话	：0351-4956036（总编室）
	0351-4922203（印制部）
网　　址	：http://www.sjcbs.cn
经 销 者	：新华书店
承 印 者	：山西铭视速珑印刷有限公司
开　　本	：889mm×1194mm　1/32
印　　张	：8
字　　数	：180千字
版　　次	：2024年11月　第1版
印　　次	：2025年1月　第2次印刷
书　　号	：ISBN 978-7-5457-3097-5
定　　价	：56.00元

如有印装质量问题，请与本社发行部联系　电话:0351-4922268

自 序

时间的长河奔腾不息,青年的奋斗川流不止。新时代,青年大学生是民族发展的未来和希望。中华民族的发展需要一代又一代的青年接力奋斗,伟大复兴中国梦的实现终将在一代又一代的青年接力中变为现实。

青春是青年固有的财富,青年是完美青春的最闪耀的身份。人本德育作为新时代德育发展的重要趋势,是真正把人视为发展的主体、发展的尺度和发展的目的的新型德育形式。它在"以人为本"理念的指导下,把回归学生本真的生活、追寻教育的幸福价值作为终极目标。人本德育中所蕴藏的学生主体的人本理念、人文关怀的情感纽带、全面发展的理想追求,无不饱含着幸福的特质,体现着幸福的价值。这也正与国家层面所宣传的主流思想,即育人为本、德育为先相契合。可以说,在高校,加强充满幸福追求的人本德育是学校教育中的一项重要任务,也是党和国家赋予各类学校、教师的重大使命和责任。但是如何通过人本德育给学生带来对幸福的理解、内化、体验和实践,也是需要高度重视的关键任务。因为只有这样,才能真正将人本德育与获取幸福建立起良性的关联，实现立德树人的根本任务。尽管近些年人本德育也受到了很多老师、家长和学生的重视，但在实践层面并未做出富有成效的成绩，我们依然能发现违背对幸福价值追求的诸多行为。人本德育离开"人本"就像骨肉分离，不仅无法达到预设的效果，反而在人本德育的幸福价值追求中愈走愈远，很难深入人心。

"人在社会中生活"，在"个人""社会"和"生活"中，"生活"是根本，人本德育的幸福价值之实现离不开个人与社会两大前提。在社会层面，通过传递民主精神、弘扬人权观念、践行公共理性，营造出充满正义和谐的社会氛围；在个人层面，则通过塑造完满的人性、培养独特的个性、激发创新潜能，使个体在追寻意义的过程中实现个体价值。同时，在当今数字化的浪潮中，更应该妥善且充分利用好数字技术手段，真正打造新时代的精品德育范式，绽放人本德育的育人之光。

总而言之，学生如何在人本德育中获得幸福感，教师如何能有效地开展充满人文关怀的德育实践活动，也成为开展新时代德育工作的重要命题。

郭振东
2024年6月

目 录

导 论
一、问题的提出及研究的逻辑前提与意义 ………… 1
  (一)问题的提出 ………………………………… 1
  (二)问题研究的逻辑前提 ……………………… 3
  (三)问题的研究意义 …………………………… 3

二、国内外相关问题的研究述评 ………………… 6
  (一)国外关于人本德育与幸福的研究现状 ………… 6
  (二)国内关于人本德育与幸福功能的研究现状 …… 13

第一章 人本德育的概念界定
  一、以人为本的内涵界定 ………………………… 21
  二、德育及高校德育的概念界定及其内涵 ………… 25

第二章　人本德育的形成与发展
一、以奴化为教育目的的古代德育 …………………… 30
二、以教育者施教为主导的近代德育 ………………… 33
三、以充分尊重人本身为遵循的新时代人本德育 ……… 35

第三章　开展人本德育的重要意义
一、实现人的全面发展目标 …………………………… 40
二、实现人的创造价值 ………………………………… 42
三、实现德育的新时代功能 …………………………… 44

第四章　人本德育发展的主体性生成
一、人的主体性思想的历史演变 ……………………… 46
二、人的主体性生成的内在机理 ……………………… 48
三、人的主体性思想的理论基础 ……………………… 58

第五章　人本德育与幸福价值的关联
一、人本德育的意蕴 …………………………………… 92
二、幸福及幸福价值的含义 …………………………… 97
三、人本德育的幸福特质 ……………………………… 102

第六章　人本德育追求幸福价值之前提
一、社会前提：在秉持正义的理念中实现社会和谐 …… 107
二、个人前提：在追寻个体的意义中实现主体价值 …… 112

第七章　人本德育追求幸福价值之维度
一、以生活哲学为根基,体验幸福感受 …………… 119
二、以生活目标为导向,培养幸福品质 …………… 127
三、以生活实践为场域,提升幸福能力 …………… 131

第八章　人本德育追求幸福价值之策略
一、回归生活世界,夯实幸福根基 ………………… 145
二、树立"积极"的教育理念,传递幸福能量 …… 152
三、搭建"交往教学"新平台,实现幸福互动 …… 159
四、构建人本德育,实现人文关怀的内容体系 …… 166
五、以审美观照引领塑造善的心灵 ………………… 180
六、加强心理辅导,塑造幸福价值 ………………… 206
七、搭建数字德育环境,延伸幸福空间 …………… 220

结　语 ……………………………………………………… 238
参考资料 …………………………………………………… 240

导 论

一、问题的提出及研究的逻辑前提与意义

(一)问题的提出

"以人为本"作为科学发展观的核心内容,强调个体本位,把人视为发展的主体、发展的尺度和发展的目的。可以说"以人为本"的理念,超越了传统以神为本、以物为本的发展观,否定了过去把人视为单纯的手段或工具的理念,强调人既是目的,也是手段,人是目的和手段的统一。教育是"独属于人的教育",而人本德育作为教育的一种形式,也应当将"使人成之为人"、使人不断实现自我、发展自我、追求幸福生活作为教育的终极目标,因为教育的出发点和归宿都是人,"教育大计,育人为本"。

然而由于市场经济的蓬勃发展以及其固有的缺陷,使人的

思维方式、道德标准和价值取向发生了变形,逐渐趋向于功利主义的价值取向和工具主义的思维方式。不可否认,在新时代教育改革的大环境下,很多学校开始将德育课改革提上日程,并把学生发展作为教育标杆。但也存在一部分学校忽略了其真正的使命——对个人成长的关注和促进身心全面发展。比如把成绩高低作为评价的主要标准,把升学率作为终极追求,由此导致在教学方式上仍然是单项式灌输式的教学,忽略学生的兴趣和接受性,仅仅将学生看作是被动接受的客体存在。这种功利主义倾向,严重脱离了教育立德树人的方向,[1]使学生与幸福的距离愈来愈远。幸福是"人类存在的至上目标",是生活的主题,对它的向往已经成了人类追求更美好生活的动力。既然幸福是人永远无法回避的关涉自身命运的永恒主题,那么幸福也成了人本德育必须予以关注的重要主题。正如乌申斯基说的,"教育的主要目的在于使学生幸福,不能为任何不相干的利益而牺牲这种幸福,这一点毋庸置疑"[2]。这里所指的幸福应当是教育本身的幸福,即追求真理,提高精神境界,全面发展人本身。人本德育也一样,也需要还原教育的出发点和应有之义,进而在帮助学生实现自我理想的同时,能让他们拥有幸福的生活。

---

[1] 杨兆山.教育学——培养人的科学与艺术[M].长春:东北师范大学出版社,2006:8.42-55.

[2] 郑文樾.乌申斯基教育文选[M].北京:人民出版社,1991:213.

(二)问题研究的逻辑前提

本书所探讨的人本德育的幸福价值追求主要基于以下既定前提：

1. 教育的目的即人的目的，教育的终极目标指向人的幸福。
2. 德福一致。人本德育的德性培养正是获得幸福的最大保证。瑞士教育家裴斯泰洛齐说："道德的人是幸福的，能将自己的欲望限制在一定范围之内，每当个人的利益不可能实现时，懂得以奉献的精神超越它。"[①]
3. 人本德育蕴藏着实现幸福的因子，这将有助于学生在主体参与、情感体验和潜能挖掘中感受到幸福的存在。

(三)问题的研究意义

追求幸福是每一个人的权利，探讨人本德育的幸福价值追求不仅让我们更清楚地理解幸福，同时也获得了实现幸福的具体路径。本书的撰写借鉴了国内外关于人本德育以及幸福的研究成果，传承中国传统文化的精髓，通过整合哲学、教育学、心理学等方面的资源，构建出人本德育追求幸福价值的基本框架，这不仅深化了人本德育的理论内涵，同时也将人本德育与人的幸福追求相统一，延展了人本德育的研究视域以及人本德育的实

---

① 夏之莲译.裴斯泰洛齐教育论著选[M].北京：人民教育出版社，2001：414.

践空间。

1.理论意义

第一,拓展了对人本德育功能的研究

以往对于人本德育功能的研究局限在其社会功能和个体功能两个角度。社会功能即人本德育对于维系社会的公平正义、增强人们的公共理性等方面表现出来的价值;个体功能主要表现在对于个体道德的提升、个性的丰满以及创造性的发挥等方面。但目前对于人本德育引导学生追求幸福生活的研究较少。本书立足新时代的人们对于美好幸福生活的追求,站在人本德育的立场研究幸福问题,既拓宽了对人本德育功能研究的视野,同时也挖掘了人本德育的终极价值。

第二,澄清了人本德育与幸福之间的关系

二者的关系实质是道德、幸福、教育三者的关系。从价值论上看,获得幸福,生活得好,使人的生命价值和意义全然绽放,对人来说无疑是一种善,甚至可以说是"最高善"。道德以人道为根基,凡是对人好的,都是道德的,而幸福是最高善,对人来说是最好的,那么也是最道德的。[1]人本德育从教育目的上说,既是为了道德,也是为了幸福,道德是实现幸福的前提,幸福则是人本德育的终极归宿。这样就改变了以往将人本德育与幸福相割裂的认识,重新树立起人本德育与幸福的关系。

第三,深化了"以人为本"的德育理念

人本德育的"以人为本",不仅强调把人作为主体,培养人、

---

[1] 高德胜.幸福·道德·教育[J].华东师范大学学报(教育科学版),2012(4).

塑造人、转化人、发展人、完善人,[①]还把重点放在关注学生的生活上,包括关注现实的生活,以及挖掘学生未来的可能生活。正如佛洛姆在《为自己的人》中所言:人们在追求真理、获得知识和拥有财富的过程中,忘记了自身,忘记了生活,忘记了内心的成长。回归生活,回归教育的本真,不仅是实现幸福生活的必要途径,也是"以人为本"的应有之义。

2.实践意义

第一,有利于人本德育教育方法的科学化和现代化

人本德育作为一门实践性很强的学科,其科学属性的建立有赖于一套系统的、科学的,并具有现代意义的教育方法的有效运用。比如借鉴像心理学的焦点解决模式、哲学领域的加减法策略等相关学科的教学方法,丰富其自身的方法论体系,增强其科学性。人本德育的现代发展趋势即回归生活教育,追求幸福生活。比如欣赏型教学模式、交往教学模式以及希望德育理念的植入,不仅完善了人本德育方法论体系,而且使人本德育的教育方法更具现代性和实效性。

第二,有利于人自身道德的发展和幸福能力的提升

内尔·诺丁斯说:"既然有魅力的美德和品格等因素能够增进人的幸福,那么,在学生身上培育这些容易获得幸福的美德就成为教育活动帮助学生实现幸福的自然方式。"[②]道德和幸福能力都是一种客观的存在,它们的培育和提升是人类自身发展的

[①] 王东莉.德育人文关怀论[M].中国社会科学出版社,2005:70.
[②] [美]内尔·诺丁斯.幸福与教育[M].教育科学出版社,2009:11.

重要方面，也是人本德育关注的内容。本书正是通过提高人们的道德意识和道德素质，进而具备追求幸福的资格和条件，促使他们在主客体的统一中体验到幸福的情感，培养幸福的品质，提高幸福的能力。

第三，有助于和谐社会的建设以及社会幸福感的提升

研究人本德育的幸福价值，其实质就是研究人本德育的终极价值——幸福。幸福对于个体而言，意味着人生的某种圆满，而就人类社会而言，幸福意味着社会的至善。由于种种原因，现实社会中存在一些不良的幸福观，对社会和谐造成了巨大阻碍。人本德育对于幸福价值的强调，能够引导人们树立正确的幸福观，探索正确的幸福路径，这必将有利于社会幸福感的整体提升以及和谐社会的建设。

二、国内外相关问题的研究述评

（一）国外关于人本德育与幸福的研究现状

1.国外有关人本德育的研究现状主要体现在以下四个维度

第一，教育目的论——追求人的自我实现。以美国人本主义心理学家、教育家马斯洛和罗杰斯为代表，倡导人本主义德育。马斯洛认为：教育的功能、教育的目的——人的目的、人本主义

的目的、与人有关的目的,在根本上就是人的"自我实现","是丰满人性的形成,是人种能够达到的或个人能够达到的最高度的发展"①。罗杰斯在以人为本理念的指导下认为:"生活的目的就是用你的人生去实现你所信仰的东西,无论是自我发展还是别的价值。"②可见,马斯洛也是把人的"自我实现"看作教育的根本目的。

第二,教育理念论——知性观向生活观的转向。美国哲学家约翰·杜威认为,"教育在它最广的意义上就是生活的社会延续,生活本身的经久不衰需要教导和学习,共同生活的过程本身也具有教育作用。这种共同生活,扩大并启迪经验;刺激并丰富想象;对言论和思想的正确性担负责任"③。可见,教育作为社会生活延续的工具,与人的生活之间具有同质性,它是现在的生活过程,而不是将来生活的预备。最好的教育是"从生活中学","从经验中学"。

第三,教育关系论——基于情感关系纽带。美国的内尔·诺丁斯提出了一种极具人文关怀的德育理论——关心德育模式,基于此,她强调"创建和维持关心关系是德育过程的核心"④。主张引导学生在关心体系的建构中生成德性。在关心德育理论中,

---

① 马斯洛著,林方译.人性能达的境界[M].云南人民出版社,1987:234.

② C. Buhler. Basic theoretical Concepts of Humanistic Program [J].American Psychologist:1971(26).

③ 约翰·杜威著,王承旭译.民主主义与教育[M].北京:人民教育出版社,2001:11.

④ 内尔·诺丁斯著,于天龙译.学会关心——教育的另一种模式[M].北京:教育科学出版社,2003:221.

诺丁斯把关心或关怀这一核心概念理解为一种"道德关系"。杜威在批判"三中心"教育理论即教师中心、书本知识中心和课堂中心教育模式的基础上,明确提出"教师和学生两方面愈不觉得一方面是在那里教,一方面是在那里受教,那么所得的结果愈好"[1]。即他在倡导"儿童中心主义"的同时,也没有否定教师的地位,认为"教师而有权为教师,正因为他最懂得儿童的需要和可能,而计划他们的工作"[2]。这种教育关系论,既肯定了学生的主体地位,又突出了教师的引导作用。

第四,教育方法论——师生共同参与的教学形式。英国德育学家彼得·麦克菲尔创立了体谅德育模式,认为"人类的基本需要是与他人友好相处,爱或被爱,帮助人们去满足这种需要是德育的首要职责"[3]。即以角色扮演、移情理解作为教学方法来培养学生关心他人、体谅他人的能力,从而促进学生道德的发展。这无疑是对人本德育精神的进一步深化。路易斯教授的价值澄清理论认为,实现道德教育目的的前提是首先使学生清楚地了解自己的价值观,教师给予必要的评价,引导学生关注生活中的价值问题并培养道德判断和道德选择的能力。

总之,西方学者从教育目的、教育理念、教育关系和教育方法等角度对人本德育进行了研究,取得了丰硕的成果,开阔了我

---

[1] 单中惠.现代教育的探索——杜威与实用主义教育思想[M].北京:人民教育出版社,2001:56.

[2] 赵祥麟著,王承旭编译.杜威教育论著选[M].上海:华东师范大学出版社,1981:248.

[3] 冯增俊.道德教育的体谅模式述评[J].教育研究与实验,1992(2).

们的视野。许多有价值的成果值得我们去借鉴和吸收,比如诺丁斯强调师生的道德关系、杜威的教育回归生活、马斯洛关于人的自我实现理论等,都符合现代人本德育的发展主题和趋势。

但是由于受西方自由主义文化的影响,这些理论也存在严重的缺陷。比如关心德育模式或体谅德育模式在给予学生情感关怀的同时,过分强调个人的主体性和自由,容易走向极端;价值澄清模式只注重学生道德判断和选择能力的培养,强调价值中立,容易使学生各行其是;体谅模式侧重于道德情感的主线,而忽视人的道德认知和道德行为的发展。因此综合来看,西方的人本德育研究并没有形成完整的理论体系,许多理论模型需要我们去不断地完善。

2.国外关于幸福的研究现状

第一,德性幸福。在古希腊的三大哲人苏格拉底、柏拉图和亚里士多德中,对于幸福的研究最为透彻的是亚里士多德。他将善与幸福联系在一起,认为善是自为的、自己实现自身的最高价值,它是因自身的缘故而被渴望的东西,善因而就是幸福。他定义幸福为"按照自在自为的是实在的美善,以善本身为目的的对生命活动及其能力的完善和实现"[1],而且"只有幸福有资格称作最后的,我们永远只是为了它本身而选择它,而绝不是因为其他别的什么"[2],并认为幸福是生活自给自足的目的,幸福的生

---

[1] 亚里士多德.尼各马可伦理学[M].北京:中国社会科学出版社,1990:6.

[2] 亚里士多德.尼各马可伦理学[M].北京:中国社会科学出版社,1990:11.

活是合于德性的生活。亚里士多德也满怀崇敬地歌颂柏拉图："在众人之中他是唯一的也是最初的，在自己的生活中，在自己的作品里，清楚而明显地指出，唯有善良才是幸福。"[1]"善"的核心就是正义，正义是灵魂的和谐与德性的培植，正义的生活是幸福的和值得向往的。苏格拉底提出"认识你自己"的伦理要求，认为一个人要是认识了关于自己的一切知识，就会使自己免除灾难，得到幸福。

第二，信仰幸福。中世纪幸福论的代表者是奥古斯丁和托马斯·阿奎那。奥古斯丁认为幸福来自对真理的热爱，真理则源于对上帝的信仰，幸福就是对上帝爱的回应。"幸福的生活在你左右，对于你，为了你而快乐，这才是幸福，此外没有其他幸福生活。谁认为别有幸福，另求快乐，都不是真正的快乐"[2]。只有来自天启的爱，才是真正的幸福。阿奎那认为人类的终极目标不像亚里士多德所谓的现实生活在实践德性中的完满，它不在生活的此岸中。即使"人是能够依靠理智来认识普遍存在的善性并要求获得这种善性，但是普遍的善只有在上帝身上才能找到"[3]。幸福恰恰是在理性洞察超验的目的并把这种洞察实践于生活时的人性体验。

第三，快乐幸福。古希腊时期的伊壁鸠鲁提出快乐主义，认为"快乐是幸福生活的开始和目的。因为我们认为幸福生活是我

---

[1] 王树人.西方著名哲学家传略(上卷)[M].济南：山东人民出版社，1987：141.
[2] 奥古斯丁.忏悔录(第10卷)[M].北京：商务印书馆，1963：206.
[3] 阿奎那政治著作选[M].北京：商务印书馆，1982：68.

们天生的最高的善,我们的一切取舍都从快乐出发;我们的最终目的乃是得到快乐"①。在这种快乐主义基础上,边沁建立了道德功利原则:"当我们对任何一种行为予以赞成或不赞成的时候,我们是看该行为是增多还是减少当事者的幸福。"②其实质就是把幸福等同于快乐。约翰·斯图亚特·密尔承接边沁的快乐原则,提出"幸福意指快乐,就是没有痛苦"③。在密尔之前,大卫·休谟就强调快乐在道德生活中的意义。"幸福、高兴、兴旺的一个重要方面就是它们能够给人类带来快乐,而痛苦、苦难和悲痛的方面则传达着一种不安……"④此外,文艺复兴时期人文主义思想家蒙台涅及早期空想社会主义者托马斯·莫尔以及唯理论派的莱布尼茨均以快乐为幸福,但与其他人不同的是,莫尔认为"并不是一切快乐都能构成幸福,只有正直高尚的快乐才能构成幸福"。莱布尼茨明确提出不能把快乐看成是幸福的全部内容,幸福是通过一个又一个快乐构成的,而快乐只是使人们走向幸福的阶梯,最小的快乐和最大的快乐都是幸福的要素。

第四,公共幸福。经验论派的哲学家弗兰西斯·培根和托马斯·霍布斯是坚持个人幸福与社会幸福统一论的代表。培根把自己的伦理学称为"全体福利说",就是为最广大的人民谋福利。每

---

① 周辅成.西方伦理学名著选辑(上卷)[M].商务印书馆,1964:103.

② 周辅成.从文艺复兴到十九世纪资产阶级哲学家政治思想家有关人道主义人性论言论选集[M].北京:商务印书馆,1966:582.

③ John Stuart Mill.On Liberty and Utilitarianism[M].New York:Bantam Books,1993:144.

④ David Hume.An Enquiry Concerning the Principles of Morals[M]. Indianapolis:Hackett,1983:43.

论人本德育的幸福价值追求

一个人是否有德,就看他是否能够利人、爱人,为公共利益和他人的幸福尽职尽责。霍布斯认为绝对没有孤立的个人幸福,每个人所追求的幸福都同他人所追求的幸福相联系着。只有顾及他人和社会的幸福,个人才能得到永久的、真正的幸福和快乐。

第五,生命幸福。费尔巴哈坚持自己的唯物主义立场,反对宗教神学虚幻的幸福观,提出了"生命本身就是幸福""生命本身就是可贵的幸福"的观点。他认为生命和幸福不仅是紧密联系的,而且可以看作是一个东西。失去了生命,也就失去了一切幸福;没有幸福,也就意味着失去了生命。在此基础上提出了"生活的东西都属于幸福"。他认为生命无非有两个标志:一是生命的存在;二是维持生命存在的生活。他提出:"什么是属于幸福的东西?所有一切属于生活的东西都属于幸福,因为生活(自然是无匮乏的生活、健康的和正常的生活)和幸福原来就是一个东西。"[①]

以上关于幸福的几种代表观点,基于德性、上帝和快乐、生命和社会等不同的载体。其中不乏值得我们当今教育反思的问题,比如当今德育是否仍然关注人的精神灵魂和德性的教化?是否还在追求善的实践和意义?培根和霍布斯关于"个人幸福"与"社会幸福"相统一的观点以及费尔巴哈超越宗教神学的禁欲主义,将幸福回归生命实体的观点,都具有一定的历史进步意义。但是,信仰幸福的彼岸性及快乐幸福的主观性,也存在着与马克思主义幸福观相背而行的因素,我们不反对信仰,不限制快乐,

---

[①] 费尔巴哈哲学著作选集(上卷)[M].北京:商务印书馆,1984:534.

但是幸福不可能是单行道,它应该是主观与客观的辩证统一。

(二)国内关于人本德育与幸福功能的研究现状

我国对于人本德育的研究热潮源于以人为本的科学发展观的提出,以人为本作为其核心,既是一种发展理念,更是一种教育指向——尊重人、理解人、关心人、爱护人,强调人的价值,把人作为一切理论和实践的目标。学术界对于人本德育的研究较为深入,主要从人本德育的内涵、人本缺失的原因以及解决策略角度展开研究,成果丰硕。由于人本德育、道德教育以及思想政治教育在教育理念、核心价值追求以及与幸福的关系等方面有着异曲同工之处,因此,下面将融合道德教育和思想政治教育的重要研究观点来充实人本德育的研究内容。

1.国内关于人本德育的研究现状

人本德育研究的逻辑起点是人本德育的基本内涵,对这方面的研究以袁本新、王丽荣所著的《人本德育论》为代表,其他学者也相继提出了自己的人本德育观。袁本新认为,人本德育应以对人的深刻理解和研究为出发点,在德育过程中贯彻人本理念和人性关怀,最终目的或者主要价值是促进人的德性发展,培养具有现代道德智慧的人。[1]沈壮海教授认为,坚持教育服务人民、着眼人的全面发展、遵循人的发展规律、尊重人的主体地位,

---

[1] 袁本新、王丽荣.人本德育论[M].人民出版社,2007:9.

是高校德育人本追求的基本内涵。[1]戚万学教授提出,以人为本的道德,大致包括几层含义:道德是人为的、道德是为人的、道德是由人的,[2]即人本德育是把学生的发展置于教育中核心的、本位的地位。

对于人本德育的内涵,不同角度的理解看似相异,其实都包含了一个核心观点,即把人作为教育中心,培养人、发展人和实现人。就人本德育的内涵,学者们提出了人本德育的两个研究方向。

一是反思批判型。即对传统教育"以物为本"及忽视人的主体地位的否定和批判。关于为什么会出现这种状态,王兆珍指出:我国传统德育的基本倾向是重社会、重整体而轻个体,长期以来无视学生的自然属性和精神属性,过于强调学生的社会性,使人的自我价值难以实现,人的情感缺乏,人的个性得不到充分的发展。[3]除此之外,高德胜认为还与一直以来的德育知性化有密切关系。知性德育在追求自主的过程中,割裂了人性、德性,割裂了德育与生活的联系,其结果必然是德育本真的丧失及异化的产生。[4]当然具体到德育教学中,德育内容的空疏教条、德育方法的硬性灌输、师生双方关系的失衡都是值得我们反思的原

---

[1] 沈壮海.论高校德育的人本追求[J].思想理论教育导刊,2009(11).

[2] 戚万学.以人为本的道德和以学生为本的道德教育[J].中国教育学刊,2003(1).

[3] 王兆珍.从以人为本视角看高校德育[J].学校党建与思想教育,2007(4).

[4] 高德胜.知性德育及其超越——现代德育困境研究[M].教育科学出版社,2003:103.

因。

二是自主建构型。即为了真正发挥人本德育的功效,通过研究德育的内容、原则和方法,为实现人本德育提供指导思想和可操作的方法策略。国内学者关于建构型人本德育的研究,与国外研究现状相似,主要从人本德育的基本理念、人本德育的基本关系、人本德育的生活指向、人本德育的基本方法四个方面展开研究。

首先,对于人本德育基本理念的研究,袁本新认为应该坚持以生为本的理念,以生为本理念的核心是把提升学生作为人的主体性,将唤起学生的主体意识放在首位。[1]既然以生为本,就要做到尊重学生,尊重意味着了解他们的需要,发展他们的个性,完善他们的人格。对于人本德育而言,尊重人是为了发展人,发展人就是通过思想政治教育不断提高人的素质,不断提高和发挥人的主观能动性,这是以人为本的思想政治教育的最终落脚点。[2]归结起来,人本德育的理念就是在以人为本指导下的尊重人、理解人、关心人、发展人、完善人。这些基本的理念构成了人本德育关系模式的重要依据。

其次,对于人本德育基本关系的研究。学界关于现代人本德育的关系模式的意见比较一致,他们都对传统的单项灌输模式给予批判,而代之以"双主体"或者"交互主体"关系模式,即学生主体性和教师主导性的统一。双主体模式表现为师生之间关系

---

[1] 袁本新、王丽荣.人本德育论[M].人民出版社,2007:294.
[2] 邵广侠.论以人为本思想政治教育的实施策略[J].学术界,2007(2).

的民主平等、尊重互信、共同参与。虽然思想政治教育与人本德育在教育内容上有所区别,但两者在教育关系的主张上是一致的。张耀灿教授指出,在现代思想政治教育中,教育者和受教育者是平等互动关系。[①]袁本新认为在德育中,教师主体性的发挥是为了学生主体性的发展,学生主体性的发展更多地依赖于教师主体性的引导,在两个主体的相互作用中,学生不断得到改造、进化和发展,教师不断得到充实、丰富和提高,双方共处于一个和谐、协同的活动统一体中。[②]

再次,对于人本德育生活目的论的研究。人本德育的基点是"人",起点是"生活",德育源于生活,也应该回归生活。道德教育与人本德育在追求生活性上有相似之处,因此以下几种代表观点均从道德教育角度阐述。鲁洁教授曾指出:道德教育的根本在于引导生活的建构,即教育回归生活世界的根本要义就是使教育回到人、人的生活中来,把促进人的发展和生活的完善作为教育的根本出发点和归宿,教育要以"育人为本"。[③]高德胜从道德与生活的角度探析道德教育回归生活的目的,他认为:道德是生活中的道德,道德离不开生活;道德是生活的构成性因素,道德不能同质化为生活的一个独立领域,道德挺立是建构生活意义的方式之一。[④]唐汉卫教授认为:以实践道德生活作为生活道德

[①] 张耀灿、郑永廷.现代思想政治教育学[M].人民出版社,2006:271.
[②] 袁本新、王丽荣.人本德育论[M].人民出版社,2007:263.
[③] 鲁洁.教育的原点:育人[J].华东师范大学学报(教育科学版),2008(4).
[④] 高德胜.道德教育回归生活的基本问题辨析[J].南京师范大学学报(社会科学版),2005(5).

教育的目的,就是说道德教育最终指向的就是实实在在的人的生活,使人过上道德的、美好的生活,并在生活过程中体验道德对人的重要意义。[①]对生活目的论的研究是当代学者们的研究热点。上述的研究成果,一方面,正确界定了道德与生活的关系,即道德离不开生活,道德是生活的一部分;另一方面,把引导道德生活的建构和实践道德生活作为道德教育的目的,并引导人在这种生活中体验生活的意义和价值。

最后,对于人本德育具体策略的研究。人本德育的策略研究,其实就是人本德育的实践层面,真正将人本德育的目标、理念和方法与实践相结合。其研究结果可以归结为以下几个方面:第一,在教学方式上倡导交往互动,而非强行灌输。从单向灌输走向互动对话。[②]第二,学校教育与自主教育相结合。坚持以学生为本,就是要在德育中尊重学生的主体地位,引导他们自我教育、自我管理、自我服务。[③]第三,坚持师德育人。完善德育教师的准入、管理机制,发挥教师自我的人格力量,以个性影响个性,坚持在多元文化中的价值主导,防止"教育去道德化"现象的发生。[④]第四,强调社会实践的作用,引导教育对象自觉参与合理

[①] 唐汉卫.道德教育的生活目的论[J].争鸣,2005(10).
[②] 王国银."以人为本"理念下高校主体性德育体系构建的思考[J].学校党建与思想教育,2012(6).
[③] 刘亦工.论高校思想政治教育以人为本理念的内涵与实践[J].学校党建与思想教育,2011(12).
[④] 袁本新、王丽荣.人本德育论[M].人民出版社,2007:309-311.

的实践活动,在广阔的社会生活中感受崇高,践履道德。[1]这里所列举的是几种主流的观点,除此之外还有创设人本德育的网络载体和校园载体、人本德育的评估向发展性评估转变等。以上这些研究大大增加了人本德育的可操作性。

2.国内关于人本德育幸福功能的研究

幸福作为人们孜孜以求的目标,作为人本德育的终极价值追求,必然会形成学者们对于人本德育之幸福功能的研究热潮,归结起来,其研究方向主要包括人本德育与幸福之间的关系、人本德育之幸福功能的具体内容、人本德育实现幸福的具体策略。

第一,人本德育与幸福之间的关系研究

学者对于人本德育同幸福的关系研究较少,大部分集中在对于道德教育与幸福的关系研究。王啸教授总结说,道德教育不仅要使人感受到掌握和遵循某种道德规范对自身来说是一种约束、一种限制、一种牺牲、一种奉献,而且应当使他们从内心体验到,从中可以得到愉快、幸福和满足,得到自我充分发展和自由,得到唯独人才有的一种最高享受。[2]刘红秋认为德育有助于德性的完善,而德性在个体生命中居于统帅地位,它引导人向善,形成正确的人生信念,从某种意义上说,德福同在,能促使人德性不断完善的道德教育,也能为我们的人生打开幸福之门。[3]可见,大部分学者都将幸福作为人本德育的一种向善目标,而这

---

[1] 李德平.思想政治教育以人为本实践路径思考[J].学术论坛,2011(1).
[2] 王啸.论道德教育的幸福功能[J].当代教育科学,2010(14).
[3] 刘红秋.论道德教育与幸福人生的建构[J].中国成人教育,2007(9).

种目标的实现又是通过德性这种中介来完成的。

第二,人本德育之幸福功能的内容研究

冯建军教授认为道德教育的根本作为在于引导幸福生活的建构,使学生认识幸福、体验幸福和创造幸福,培养他们追求幸福、体验幸福和创造幸福的能力。[①]李文英站在思想政治教育角度看待幸福功能,指出思想政治教育引导个体构建准确的幸福观,引导个体生命构建幸福人生的信念和理想,引导个体培养健康人格和生命情感,引导个体在欣赏和关怀中把握幸福。[②]

学者对于德育幸福功能的研究可以归结为两个维度。一是生活维度。即将幸福功能界定为幸福生活,这种生活是有意义的、有爱心的、有道德的。二是个体维度。即认为德育的幸福功能是促进个体形成正确的幸福观,体验幸福、追求幸福和创造幸福。这些观点颇富有建设意义。但是笔者认为德育的幸福功能从个体维度来说,还应该培养人的幸福品质,即自尊自信、积极乐观的幸福品质,这恰恰是体验幸福和创造幸福的重要心理基础。

第三,人本德育实现幸福的策略研究

虽然学者对于道德教育与幸福的关系、道德教育的幸福功能有着大量研究,但关于人本德育幸福功能实现策略的研究较少。根据仅有的研究成果,可以归结为以下三个方面:首先,德育应该回归生活。刘红秋认为以生活为依托的道德教育使人生更

---

① 冯建军.道德教育:引导幸福生活的建构[J].高等教育研究,2011(5).
② 李文英.论思想道德教育与个体生命的幸福追求[J].青年教育与思想研究,2015(1).

精彩,因为道德实践是以美好生活为目的,以我们个人的幸福福祉和社会的福祉为目标。①其次,对学生进行幸福观教育,使人认识幸福;对学生进行幸福的道德教育,使人体验幸福;培养学生幸福能力,使人创造幸福。②最后,王东莉教授在《德育人文关怀论》中提出了德性培养对于实现幸福的重要作用:完善的德性既表现为限制着追求幸福冲动的任性和不明智,确保追求幸福的冲动不致走向幸福的反面,又表现在德性为幸福的获得指明了有效的路径。③从以上三方面的研究中可以看出,其策略有一定的针对性,但是缺乏具体性和可行性,使得在真正的德育过程中,并不容易产生实际的效用,因此在这一方面还有待更多的人进行研究。

---

① 刘红秋.论道德教育与幸福人生的建构[J].中国成人教育,2007(9).
② 冯建军.道德教育:引领幸福生活建构[J].高等教育研究,2011(5).
③ 王东莉.德育人文关怀论[M].中国社会科学出版社,2005:152.

第一章 人本德育的概念界定

一、以人为本的内涵界定

马克思认为,人是有意识、有目的的能动的高级动物,他是一种具有超越自我意识、不断形成新的自我且具有生存本性的特殊的存在者。因此,我们追寻对人的理解时就不能停留在寻找人的现成"本质"上,而是要发现和挖掘人的"生存"本性。马克思在《1844年经济学哲学手稿》中有如下论述:"生产生活就是类生活。这是产生生命的生活。一个种的整体特性、种的类特性就在于生命活动的性质,而自由的有意识的活动恰恰就是人的类特性。"[1]在《德意志意识形态》中,马克思进一步阐述道:"可以

---

[1] 马克思.1844年经济学哲学手稿,[M].人民出版社,2000:57.

根据意识、宗教或随便的什么来区别人和动物。当人们开始生产自己的生活资料的时候,这一步是由他们的肉体组织所决定的,人本身就开始把自己和动物区别开来。"[1]"人怎样表现自己的生活,他们自己就怎样。因此,他们是什么样的,这同他们的生产是一致的——既和他们的生产什么一致,又和他们怎样生产一致。"[2]

在《关于费尔巴哈提纲》中,马克思提到非常重要的思想论断:"人的本质不是单个人所固有的抽象物,在其现实性上,它是一切社会关系的总和。"[3]一方面,强调了人的本质属性是社会属性,人是社会的主体;另一方面强调了要尊重、肯定和激发人的主体性、主动性、能动性,鼓励人作为主体最大限度地发挥能动性和创造性,给予人更大的主动权。由此可见,"人"是一切工作的中心,也是一切工作和活动的出发点和落脚点。因此,对于学校的德育工作而言,要抓牢学校通过德育教育为社会培养高素质人才的重要把手,助力德育过程的顺利开展,使教育的目标更好地实现。

通过前文叙述可知,马克思对人的理解视角与传统社会视角下的理解有较大差异。马克思针对人的理解更侧重于"生存实践性"视角,把主体人看作是在实践中活生生的存在,是有意识、有目的开展实践的主体。基于此,当代人本德育必须要进行人本

---

[1] 马克思恩格斯选集(第1卷)[M].人民出版社,1995:67.
[2] 马克思恩格斯全集(第3卷)[M].人民出版社,1960:24.
[3] 马克思恩格斯文集(第1卷)[M].人民出版社,2009:501.

转向,并要用这种方式理解人、发展人、创造人。只有这样才能真正做到以人为中心。具体表现在以下几个方面。

(一)立足以人的方式看待人、把握人和理解人。首先,教育应该始终坚持以人为本的理念,在具体的教学中必须把现实的、具体的、活生生的教育对象作为出发点和归宿点,而不能仅仅将学生看作教育的课题或抽象的研究对象。教育对象理应不是形而上学的概念,而是在教育中活生生的、有思想、有本领、有追求的现实中活生生的生命存在,且学生在成长的过程中以及在教育过程中,教育对象也是有着差异化思想和个性的现实中的人,这也是开展德育工作的认知起点和理解人、发展人的基础。其次,要立足学生实现人生价值的立场,他们想成为自己生命历程发展的主宰者和规定者,想摆脱外部束缚而实现自我价值。因此,作为教育者,应该将自我与受教育者置于相对平衡的位置,树立"教师学生""平等者中的首席"等意识,只有这样,才能将教育建立在教育者与受教育者平衡的位置,双方之间既是教育者也是受教育者,才能实现教育者既能给受教育者以高屋建瓴的指导,也能愿意去平等地接受受教育者的观点和想法。最后,深刻理解实践在人的解放与自由全面发展中的重要意义。因此,德育只有从生存实践的意义原则着手,才能把"实践"当作实现自由发展的根本路径,才能引领人在思想和行为实践上实现解放和自由,真正使人获得自主的地位。

(二)注重人的主体性发展。作为接受德育对象,他们是在形式多样的实践活动中不断进行自我否定再否定之中生成新的自我和实现自我超越的存在,因此,他们不是"生成性"的固有存在，而是充满"可能性"的作为人的一种独特的存在。教育对象的发展性势必要求德育必须是一种超越性的实践活动，而不是固守僵局的传统教育模式，它要培养的人是一种理想和现实相统一、超越意识和超越能力相统一的人。所谓人的超越性发展，其实质是人的主体性的发展，能最大可能突显人的意义和价值，使人们能自由地用自己的方式创造一个更美好的世界，且这个世界是属于人的世界。在真正的教育过程中要以人为本，以学生为本，坚持学生才是真正的教学主体，强化"生本"教育理念，要求教师在教育过程中要逐渐脱离教师为本、能力为本、知识为本、成绩为本等不合理理念，真正将学生作为教育的主体，真正观照学生的实际，去认识和把握学生，尊重学生、信赖学生和欣赏学生，将教育的全部使命和价值都落脚于学生本身，追求学生的自我发展与自我超越。

（三）"理解"学生是以人为本的基础。"理解"的指向是建立在尊重人的主体性以期全面地把握人、理解人、塑造人，注重学生主体的精神世界和向往追求。"人"不是固定不变的存在，不能把教育对象看作是现成的存在，不能用知性的思维或对象化的态度认识和把握人。因此，教育的过程不是灌输的过程，而是在理解的基础上的启发性教育。马克思有言，人的类特性恰恰在其自由自觉的活动，既然人有"自由"的本性，表明人的生存过程本身就是有目的、有意识的实践过程，是在不断表现和创造作为人的生命力、彰显生命意义和色彩的过程，他们在确证自己的生存意义和生命体验意义。

人本德育的过程就是在输出人文关怀的价值，就是要充分地尊重人、理解人、肯定人、完善人、发展人,把人的全面发展作为内在的一种价值取向。"人的全面发展"是马克思在历史观和价值观相统一的基础上提出的针对人的发展非常重要的、诉诸人内在发展需要的价值取向。但在当代的大学生中,普遍存在理想信念的缺失、价值观取向的模糊、行为选择的迷茫、精神支撑的动摇等现实问题,同时也反映出当前德育的"人本"理念缺失和空位。如何更好地在新时代的德育过程中确立其"以人为本"的人文关怀的核心地位,构建起与时代发展要求、社会发展进步和人的全面发展相一致的教育方向和目标,是站在中华民族实现第二个百年奋斗目标的新征程上需要不断探索和推进的重大课题。

二、德育及高校德育的概念界定及其内涵

对人本德育的研究首先要明确德育的内涵。如果在德育的理念上含糊不清,就容易在德育的实践中出现相对比较混乱的情况。中华人民共和国成立后,在针对德育的概念表述中,有的是将德育称为思想政治教育,有的称为道德教育,这些认知从实质上均未揭示德育的本质。

(一)德育的内涵及其实质

德育是体现所属阶级的教育者根据一定的社会阶级的意识

形态和阶级要求，以及受教育者思想发展和品德发展的规律，有意识、有目的、有计划地对受教育者进行思想、道德、意识等方面的影响和介入，并通过受教育者有意识的吸收、内化、转化、升华以及积极的认知体验和实践感悟，将自我领悟到的思想道德规范转化为受教育者个体在精神层面的价值体验，以及在品德实践活动中的实践体验。

德育的目的不同于体育、智育、美育等，它的目的是育德。在推动个体品德社会化的过程中的主要矛盾，体现为教育者提出的德育培养要求和目前受教育者现有的道德认知、道德情感和道德意志等水平的矛盾。正是在不断解决这一矛盾的德育思考和实践中，推动了教育者将社会层面追求的普遍认同的道德规范转化为受教育者自身的品格。因此，教育者将国家和社会层面大道德规范转化为受教育者个体的品德的活动，就是在不断塑造一个人的品德的活动，也可称为德育的本质特征。德育的最终目的是对一个人道德价值观的塑造和使之完满。

（二）德育的过程是施教者传道授业解惑和受教育者身心修养相统一的活动

德育的过程是教育者、受教育者、德育方法手段相互作用的过程，三者也是构成德育的基本要素。德育就是教育者凭借一定的教学方法向受教育者传道授业解惑的过程。教育者扮演着向受教育者实施教育，传授社会要求的思想道德规范和行为取向的角色。受教育者接受教育者的思想教育、道德教育、人格教育等，进而实现自我的品格修养，发展自己的品格行动。在德育过程中,教育者与受教育者承担着不同的职责,教育者的教学活动是对受教育者进行思想品德教育,影响受教育者思想道德修养的施教活动。受教育者的受教育活动主要是针对接受和吸收、内化教育者对自己进行思想道德教育,进而培养自己的道德修养,开展自己的道德实践。在整个教育与被教育的过程中,教育者的施教活动占主导地位,引领着受教育者受教修养的活动,受教育者的受教活动或修养活动是德育活动的主体活动。但二者既有区别,又包含着固有的联系。即教育者开展施教过程和受教育者的修养培育二者是辩证统一的。若任何一方缺失,真正意义上的德育是不存在的。因此,完整意义上的德育过程是上述两个方面协同发力的有效过程。教育者充分掌握思想道德规范,既能身体力行探索育人方式和理念,也能研究和发现受教育者接受教育的思想基点以及受教育者的品德形成规律。同时,受教育者要主动接受教育者的教育并发挥自身的能动性和主动性,当在教育过程中发现德育过程中存在的矛盾时,才能很好地协调、内化去解决问题,才能真正地获得德育给予自身的幸福感和满足感,达至德育的效果和受教育者思想品德的良性形成和发展。

无论如何,德育始终是对人开展思想政治教育和品德教育的重要基石。纵观国家各类经济活动或其他活动,其实也是一种道德活动。对学生的道德教育也主要体现在社会公德、职业道德、家庭美德和个人品德的侧重点上。只有将学生的思想教育、政治教育、文化教育等都做好了,全社会的道德教育才会有扎实的实施基础,提升人文关怀,维护人的权利、价值和尊严才会有鲜明的底色。当然,在德育过程中,对学生进行社会公德、职业道德、家庭美德和个人品德教育的同时,也要引导学生有意识地培养为人民服务的意识以及集体主义观念,时刻牢记中国共产党为人民服务的根本宗旨,这不仅是社会主义道德的集中体现,也是调节社会利益关系的基本原则。德育教师需要引导学生正确处理国家利益、社会整体利益和个人利益之间的关系。要坚持国家利益和社会整体利益高于个人利益,在二者发生矛盾甚至是冲突时,必须坚持国家利益、社会整体利益高于个人利益的原则,心存"大我",心向国家。

(三)高校开展德育的深刻内涵及延伸

大学生是德育开展的重要群体,高校德育的实质是对学生开展思想政治教育以及道德教育。大学的学习生活没有与思想教育、道德教育、文化教育脱离开关系,反而是愈加紧密。一方面,高校的德育从性质上可定义为一种规范性教育,其目的是引导大学生实现自我对美好生活和美好世界的向往,并在规范性教育中引导学生生成自觉规范的意识和实践行为,尤其是作用于对学生认知、理性等的培养。另一方面,从高校开展德育的功能视角看,德育主要紧扣培养学生如何调整和规范自我在一定环境中的行为,以及如何处理好各类人际关系,通过一定的道德规范和准则,使人与人之间有礼、有义、有情、有爱。

高校德育工作也是思想政治教育的重要内容,其培养的使命是引导学生成为有理想、有本领、有担当的时代新人,树立正确的世界观、人生观、价值观、道德观、法治观等。世界观是人们对生活在其中的世界以及人与世界关系的总体看法和根本观点。一个个体思考人生的意义、确立理想目标、思考何以处理好自我身心的和谐、人与国家、个人与社会、人与自然的关系，都无法离开世界观的引导性。但每一个个体所处环境不同，认识和理解能力和方式也会存在差异，因此，高校德育工作应和思想政治教育工作协同推进，相得益彰，开展多层次的、有针对性的、内容上有选择性和差异性的教育工作，更能达成因地制宜的教育，更有利于实现较好的教育效果。

高校德育也是高校思想政治工作中的基础性工程。从全社会看，任何经济活动或社会生产活动也是人的道德活动。对大学生开展道德教育包含了社会公德、职业道德、家庭美德和个人品德教育。其中社会公德、职业道德、家庭美德教育都做好了，才能为整个社会打下扎实的基础，才能形成和谐、有序的社会环境，才能实现每一位公民都能有意识地尊重人、理解人、关心人，维护他人的权利、价值和尊严，时刻能做到想他人之所想，急他人之所急，进而实现人的全面发展。在具体的道德教育实践中，我们必须立足社会主义初级阶段的基本国情，针对不同的教育对象要因地制宜地提出有差异化的道德要求。针对大学生开展道德教育，目标指向要明确，要培养大学生为人民服务的意识，增强集体主义的观念，充分认识到每个人的正当利益都是国家利益和社会整体利益不可分割的组成部分，国家的兴衰和个人利益息息相关。社会整体利益高于个人利益，但个人的正当利益应得到充分的尊重和保障。

》论人本德育的幸福价值追求

第二章 人本德育的形成与发展

从古至今,有不同的社会形态就有与之相适应的德育形态。古代更加侧重于对人的奴化、说服和控制,凸显了在等级社会中人与人之间不平等的样态。近代的德育主要诉诸施教去实现其目的。现代的德育摆脱了阶级与阶级之间、人与人之间的不平等,更加注重人的地位,尤其在进入新时代后,更加凸显了以人为本德育的根本任务是立德树人,引导一个人成长为推动中华民族伟大复兴中国梦实现的有理想、有本领、有担当的时代新人。总体而言,人本德育的形成和发展包含三个主要阶段。

一、以奴化为教育目的的古代德育

在古代,本没有德育一说,若找寻,也是以"教""道""德"等一些相关词体现出来。中国古代的道德教育主要是常规性、系统性地对其成员进行关于道德认知、道德信念、道德品质、道德实践等方面教育,引导个体能自觉遵守道德规范和道德准则,并积极履行自身的道德义务。古代儒家推崇"仁""义""礼""智""信",

是要把个人培养成为圣贤之人。而且,在古代社会中,如何实现国家治理,即以德治国,用"德政"和"礼治"代替"政治"和"刑治",由此可知,古代社会的德育内容和实践都是要服从和服务于德治之需,也因此,"四书五经"就是那时的经典的通用教材。就德教和德育的实施场所而言有很大差异。德教的教育场所更广泛,可覆盖到全社会。其对象也是相对宽泛的,上自皇帝重臣,下到普通老百姓,没有贵贱贫富之分和年龄长幼之别。而德育的教育场所只能在学校,其施教对象是学生,尤其是未成年人或者其他读书人。另外,从概念的外延上看,德教的意义范围更广,包含德育,二者属于种概念和属概念的关系。总之,在社会上开展的道德教育简称为"德教",在学校场域针对学生为主体的教育对象开展的道德教育简称"德育"。

在古代社会,德育主要体现为三种形式,包含等级德育、绝对服从和奴化教育。其差异性可从德育实施主体和德育实施对象区分开来。

首先,针对德育的实施对象采用"有教无类"的方式。"有教无类"是孔子的重要教育思想,且对后续的教育理念革新提供了重要的基石。"有教无类"是指教育对象无论是贵族阶级还是平民子弟,都可以接受教育,接受教育的权利是一致的。这一极为重要的教育思想使古代教育发生了重大变革。之前"学在官府",只接收贵族子弟,相应的受教育权被贵族家庭的孩子垄断。以此作反思和基础,孔子提倡开创私学,学校向所有平民子弟打开了大门。先贤曾对"有教无类"这样论证道:"人乃有贵贱,宜同资教,不可因其种类庶鄙而不教也。教之则善,本无类也。"[1]朱熹也进一步指出:"人性皆善,而其类有善恶之殊者,气习之染也。故君子有教,则人皆可以复于善,而不当复论其类之恶矣。"[2]古人从受教育对象上进行了不乏创新的思考,也对今天的德育工作开展具有一定的参考及实践意义。

其次,德育的实施主体是教师。古代对于教师有两种思想,即师道尊严和身教重于言教。其中"师道尊严"体现出古代对教育的高度重视,尤其是对德育的重视。《礼记·学记》云"古之王者,建国君民,教学为先,化民成俗,其必由学",鲜明指出了要建设好国家,营造良好风俗的氛围,就要把教育放在优先位置。荀子在《荀子·礼论》中也明确提出"隆师"的思想,"天地者,生之本也;先祖者,类之本也;君师者,治之本也。无天地恶生?无先祖恶出?无君师恶治?三者遍亡焉,无安人。故礼上事天,下事地,尊先祖而隆君师,是礼之三本也。"这一思想体现出以礼为序、稳定社会的思想。

而且古代尤其重视身教与言教相结合,但身教重于言教。教育者不能只用语言表达或讲述而脱离开行为实践,即只说不做,不亲力亲为带领学生去按照道德的要求去做,这样的育人效果微乎其微,甚至学生对此产生误解后反而走向歪路。因此,作为一名教师,要以身作则,在行为上给学生起到引领和表率作用,学生才有参考的对象并模仿和践行,并顺其自然地愿意接受道

---

[1]《论语义疏·卫灵公》。
[2]《四书章句集注》卷八。

德教育。孔子曾言:"其身正,不令而行,其身不正,虽令不从。"教师可谓学生学习的标杆。荀子也明确指出:"夫师,以身为正仪而贵自安者也。"强调教师必须为学生起到示范引领作用,阐明了"以一身立教,而为师于百千万年"的道理,也突出了身教的重要性。

二、以教育者施教为主导的近代德育

上文所述传统德育的教育目标是以社会为本,而非以人为本,从社会化层面看,此论点是可以接受的。但是,人的本质是一切社会关系的总和,人适应社会只是人这个主体在成长发展的社会性的一个方面。在社会中,人是主体,社会是客体,二者是辩证统一的关系。人离不开社会,但不能忽视人本身,即拥有自由自主和独立的精神世界,认识和适应社会不是目的,只是手段。人应该是社会的尺度。离开主体人的需求,客体的存在也就没有意义。因此,新时代的德育工作应该坚持以受教育者为主体和出发点,尤其需要关照主体需求、主体意识、主体发展和主体能力的培养。若脱离主体(人)的需要,再好的教育也会无的放矢,本末倒置。因此,高校的德育工作应该在研究人适应社会的基础上,立足对人自身的研究,将包括个体的认知、情感、意志、发展等的主体能力的培养以及个体主体性的呈现和发挥等问题置于至关重要的位置。再者,伴随着德育目标社会性的是我们的德育目标更强调政治性、方向性,而对于其基础性、层次性和现实性有所缺乏。换言之,教学宏观上规划得很好,但稍显理想化,与具体实际情况相脱节,实效性自然大打折扣。

就教育教学具体实践而言,依然陷入灌输式教育模式陷阱,看似做到了课堂上教师主导的要求,实则忽略了学生作为教育对象的主体性。灌输式教育就是未合理且积极关照受教育者的身心发展规律和个性化需求,只是以教师自我为中心,把自己所熟知和喜欢的内容强制性地灌输给学生,剥夺了学生个性需求。主要表现在以下三个方面。其一,非全面性。因为单项灌输或输出信息,教育者传递的信息不一定是全面的,受教育者也有其他知识或观念盲区,若教育者不改变教学方式和理念,很难给学生传递准确、全面、有说服力的知识解读和观点。其二,非协调性。由于灌输式教育模式,致使在教育过程中不会去考虑协调各种因素。此外,也不顾及受教育者的多方面需求和其他方面对受教育者的影响,仿佛教育任务结束就等于教学计划的完成。其三,非持续性。在教育过程中缺乏思考一节课的教学目的是什么,学生在认知、情感、意志等方面应该达到何种程度,最终造成教学的盲目性。因此,学生课程结束后不明白为什么学这些内容以及我到底学到了什么。教学看似只是简单一节课而已,而课堂学习结束后的可持续思考和研究,遇到新问题解决新问题更加重要。这也是当今高校很多学生对德育课学习缺乏兴趣,对德育的一些理念不认同的重要原因。

总体而言,传统德育的价值是为政治服务的,强调一元价值导向的绝对性,构筑思想防线,培养螺丝钉精神。德育的本质是工具——驯服性。物化与奴化的德育,教人学会服从;理论基础是社会本位论;哲学依据是唯物论;培养规格是"从心所欲不逾矩"的谦谦君子；表现形式单一化、模式化、程式化；教育方式是以教师为中心，单向式灌输。

三、以充分尊重人本身为遵循的新时代人本德育

现代的德育在教育理念上有了重大的突破，在遵循德育规律的基础上，逐渐将受教育者作为重要的教育对象和主体参与整个教育过程。上文所提及的传统德育，整个教育过程，教育实施者完全忽视对德育规律的遵循。《大学》中提出："博学之，审问之，慎思之，明辨之，笃行之。"重点强调了要广泛学习，善于交流讨论，培养周密思考的态度以及辨别是非的能力，最终要将所思所想切实运用到实践中。但在传统德育中，并未开始真正意义上探寻德育的规律，也未塑造出探寻和研究德育规律的意识，更未形成体系化的理论架构支撑德育的高质量开展。总之，德育的过程没有成为自觉的理论研究对象。但从近代发展至现代，人们的思维发展更加开阔和缜密，人们力图研究和探索德育开展的客观规律，按照规律来开展德育。对教育对象的主体地位进行强调和确认，对新时期德育教育方法创新，成为此时期的典型特征。

（一）高度重视学生在德育过程中的主体地位

德育在本质上就是对人的内在精神世界的培养，促进人的发展进而促进社会和国家的发展。德育作为一种修心修身的过程，把受教育者作为教育主体，将学生置于参与整个教学过程的重要位置，并且从学生的客观需要出发，制定符合各年龄阶段、认知水平和接受程度的教学方法，提升德育过程的针对性和有效性，这成为新时代德育工作开展的出发点。具体在德育过程中，教育者要善于激发学生的主体意识，让学生把自己置于课堂中的重要位置去认识、去参与、去思考、去求解等。学生参与意识的提升更有助于他们找到自己在整节课中的位置。此外，在德育过程中，教育者要用心在情感和态度输出上做到度的把握，比如要树立学生与学生之间的平等意识，相互尊重，即要尊重学生的认知倾向、兴趣趋向、情感变化、践行习惯等学生身心发展的规律。在教育中，教育者要有意识地挖掘学生的潜能以及发现学生之间在潜能上的差异。在普遍关心的基础上，把教育的针对性提为教育目标实现的核心指标。总之，新时代德育愈加散发出民主、平等、有针对性的人文关怀，缩短了教育者与受教育者之间的心理距离，在立德树人的践行上愈加坚实。

（二）注重发挥学生在学习过程中的自主性

德育的过程一方面是教师引导学生改变的过程，另一方面也是学生培养自我反省意识，提升自我管理能力，重视自我教育的过程。要将教育的育人因子融入学生的日常生活中,转化为他们自觉自为的行动,使之成为新时期德育改革的重要抓手和方向。简而言之,德育的过程即学会反观自我、审查自我、发现自我、寻找自我的过程。实现了他为与自为的高度统一,也有助于实现德育的双向奔赴。首先,德育在于疏导而非强制,在于激发学生而非强制压迫学生,在于呼唤学生而不在驯服学生。疏导就是循序渐进地、活灵活现地将一些重要的理念与学生细致入微地探讨,逐渐带领学生走进德育的世界,体验德育的魅力,从而激发学生学习的积极性、自觉性和创造性,逐渐引导受教育者的思想缓缓地朝着教育者所希望的方向发展,实现自我的全面发展。其次,要重视学生的自我体验。德育作为塑造内心世界的重要途径,不是简单照本宣科讲知识,而是要提升学生的内心体验,以自律作为德育的重要途径。自律看似是一种自我约束,其实质是一种自我修养,是受教育者对道德认知的不断深化,对道德情感的自我熏陶,对道德实践的自我超越。可见,只有激发学生的自我反省、自我发展和自我道德完善的意识,才是真正有效的人本德育。最后,坚持教育与自我教育相结合。德育不应该是被动地接受,而是由被动到主动转变,实现自由、自觉的接受过程。因为德育不仅是民族发展的需要,更是学生自我发展的需要。所以,我们要善于把这种社会要求转化为学生的自我要求。只有这样,德育的效果才能充分彰显,个性化发展和社会化发展才能实现和谐统一。

第三章　开展人本德育的重要意义

随着教育理念转变的不断推进，德育理念发生了极大的变化，传统德育暴露出来的问题也愈加凸显。新时代的德育开展也不乏一些问题的存在，无论在德育的理念、方法抑或是内容、形式上，都与学生实际需求存在一定的鸿沟。因此，通过改进德育的实效性，让学生拥有由内而外的获得感，已成为当下最为迫切的任务。

新时代德育紧跟教育部关于德育所提出的新要求和新期待，不断让德育成为有为、有位的，有温度又有深度的课程。其一，人本德育引领德育走向人性化。人本德育本身就应该是以人的需求和人的发展为出发点和落脚点，这是对传统意义上的德育理念、方法和归宿的深刻反思，也是对"人"本身的社会属性的确证，在紧紧抓住人的本质的基础上，为研究新时代德育工作探索新途径，从另一方面也体现了人们对道德的认识已经从被动转向主动，在实践上从被动服从和适应的阶段转变为受教育者主动确证自己在接受教育过程中的位置，能充分感受到自己在受教育过程中的主动性和积极性，尤其是扮演角色的观念转变。人本德育就是以人为本，以人的需求和获得为前提的培育初衷,在真正意义上体现了对人的地位、人格、尊严的承认和尊重,因此,它是一种尊重人、理解人和关照人的人性化教育。其二,人本德育充分尊重人的个性化体现。每一位受教育者都拥有自身独特的存在方式,也意味着教育的过程也是个性化教育的过程。所谓个性化教育即在正确的教育思想、理念、精神指引下,以学生之间的差异性为前提,比如兴趣爱好、个性、态度、需要、创造和自由等。通过教育的个性化和社会化,实现"他教育"和自我教育的和谐统一,培养学生独立自主的品质、态度以及与其他人和社会的协调相处和发展。尤其在新时代,随着国家日新月异的发展,每个人也绽放出丰富多样的发展理念、发展方式和发展追求。个体之间的差异化愈加凸显,自主性和自为性愈加强烈,只要不违背社会伦理和法律约束,都会被善待和尊重。这是时代发展的成果,也是每个主体"人"真正迈向更好自己的机会。21世纪的中国是一个社会需求多样化、人的个性彰显、兴趣发展和精神追求都受到极大尊重的国家。因此,我们不仅应该重视德育的普世性,还要重视德育的差异化指导作用,这也正是新时代德育应有的真面貌。因为它为青年学子提供了符合其个性特征、成才需求的德育环境,进一步凸显了德育工作的人性化、个性化,为每一位学生提供成长成才的精神动力和发展动能。其三,人本德育推动了人的现代化。党的二十大报告指出,要"以中国式现代化推进中华民族伟大复兴"[1],但对中国式现代化要进

---

[1] 习近平.高举中国特色社会主义伟大旗帜为全面建设社会主义现代化国家而团结奋斗——在中国共产党第二十次全国代表大会上的报告[N],人民日报,2022年10月25日。

行系统准确完整的把握和阐释,需要透过多重外在,具体展现凝练和把握其本质,对此,习近平总书记曾鲜明指出"现代化的本质是人的现代化"。①中国式现代化以人的全面发展为奋斗目标,但不能脱离当前的发展阶段和发展形势,需要基于当前发展形势,脚踏实地、竭力奋斗,从解决人民群众对美好生活向往的最淳朴的希冀出发,时刻关注最直接的现实利益,提升人民群众的幸福感、获得感和安全感,进而不断推动人的全面发展。美国著名学者英格尔斯明确提出:"一个国家可以从国外引进现代化的科学技术和卓有成效的管理方法,但如果这个国家的人民缺乏一种广泛的现代化心理基础,自身没经历一个从传统向现代化的转变,那就注定不能成功地从一个落后的国家跨入自身拥有持续发展能力的现代化国家的行列。"②因此,中国式现代化的根本价值取向是以人为目的,人本德育的人本性也决定了德育是以人为目的,培养人本身,发展人本身,成就人本身。

一、实现人的全面发展目标

中国式现代化与人的全面发展有着内在本质的联系。党的二十大报告指出:中国式现代化是物质文明和精神文明相协调

---

① 十八大以来重要文献选编(上)[M].北京:中央文献出版社,1995:594.
② 周济.促进高校独立学院持续健康快速发展[J].教育发展研究,2003(8).

的现代化,是促进物的全面丰富和人的全面发展相统一的现代化。中国式现代化在本质上要求国家层面不仅要实现高质量发展,还要丰富人民群众的精神世界、实现全体人民共同富裕、促进人与自然和谐共生等。这些论断将中国式现代化与人的发展紧密联系在一起。因此,实现经济、文化、科技、军事、医疗等各行各业的发展,与推进人的全面发展,实现人的现代化,有着必然的强关联。人的全面发展会极大程度地促进社会物质财富的创造,促进人民群众美好生活的不断提升,当生活水平达到一定高度时,必然会激发人民群众对精神生活丰富和自身综合素质的完善,人的全面发展就成为必然的趋势。

  德育的根本任务就是要实现主体人的内在的自我转化。这种转化其实质是内在的自我确证、自我完善、自我提高的过程,也是一个人更好地认识自我、欣赏自我和实现自我的过程。德育的最终目的是获得自我的价值意义的确证及社会价值意义的彰显。人只有通过这个人性化的过程才能真正认识自己并超越自己。当然,"自我实现并不是个体化的过程,它主要是一个普遍共有的过程。一个人越是能深入到他的存在的深处,他就越能超越他的人类学结构的限制。这个悖论蕴含着儒者的这样一个信念,即人的真正的性质和宇宙的真实创造都是以'诚'为基础的。当一个人通过自我修养成为志诚时,他就是一个最真实的人,而同时他也就投身于宇宙化育的洪流中了。能做到此,他也就充分发展了自身的人性。"[①]同时,自我的主体价值也得到了充分的彰

---

① 杜维明.人性与自我修养[M].中国和平出版社,1988:93.

显。由此可知,一个人若想成为一个真正意义上的"人",就必须首先在德性圆满上下功夫,努力成为一个道德完善的人,如此之人,不仅具有了人本身的内在性,同时兼有精神性,这个完整的过程是新时代德育工作责无旁贷的责任和使命。

　　人本德育作为以培养"人"为核心的教育,其根本的归宿即完善人格,实现对主体价值的超越。但追求人格完善的路是艰辛和曲折的,也许会出现自我否定、自我放弃的想法,但每一个人的追求过程本身就在净化心灵、完善人格,不断展现新生命的智慧和光芒。只有努力为自己创造更美好的人生,才能为生命赋青春的光芒,获得真正的自由与幸福,实现人生的自我价值和社会价值。

二、实现人的创造价值

　　人作为有意识、有目的、能动的高级动物,不仅要从与其他事物交往中获得价值,更重要的是在多重社会关系中体现出自身的价值,以及作为人本身的独特的价值。人的价值主要源于在不同的社会关系中从事多重社会活动所获取的符合自己需求的东西。人本德育的中心任务即通过教育的方式引领学生回归自我意识和自我认知的确立,感受自己创造价值及其美妙的过程。

　　人的本质属性是社会属性,马克思认为:"人的本质不是单个人所固有的抽象物,在其现实性上,它是一切社会关系的总和。"人的本质属性是社会属性,且只有在社会关系中,在社会生产(包括物质的和精神的生产)、交往、交换活动中体现出来,所以人所创造的价值也具有鲜明的社会性。人的价值是在社会交往中产生和形成的,人的交往和交换关系使人与人之间互为主客体,他们以不同的方式创造价值,也以不同的方式交换价值,不仅使不同价值之间实现共生交融,而且也使每个人的价值得以确认。人参与社会活动的形式既超越了动物的自然属性局限性,也超越了个体的局限性,不断显现出人的普遍性价值。道德是在一定的社会关系中,为了调和各种矛盾以及能充分发挥自己的智慧的产物,并且,随着时代的发展进步和人的需求日渐多元,人们总是会根据社会发展需要对现有道德进行扬弃,根据时代发展变化和需要创造新道德。因此,人在道德的发展变化过程中具有主体和主动作用,研究人本德育可以实现人的创造价值。

人在开展价值创造活动中,也会以自身为对象,不断创造出新的需求、新的能力、新的素质和新的活动方式,也就是创造人新的价值。而将人本身作为价值对象的价值创造,其实质是对自我的重塑。经过重新塑造的人具有了新的价值,自然也能创造新的更多的价值。简而言之,即人不仅在创造对象的价值,也在创造自身的价值,二者是相互统一的关系,也是同一性的过程。人创造对象的活动是实现自身价值的表现,即自身价值的对象化。与此同时,通过对象化的实践活动,不仅展现了自身的能力和价值,也丰富了自己的知识,提升了自我的价值。这就是作为主体的人在创造对象价值的活动中对自身价值的自我创造。

三、实现德育的新时代功能

高校德育对于个体实现自我价值和社会价值以及正确处理个人价值和社会价值之间的关系具有重要作用。其核心指导思想即个人价值实现与社会价值实现相统一且相融通，充分发挥主体性，不断协调个人价值和社会价值的关系定位和实践价值取向，营造良好的德育环境，提升高校德育的前瞻性。德育的社会性功能主要指德育对社会全方位发展所产生的作用，即德育系统与外部环境之间相互作用所产生的结果。德育的社会性作用主要表现为德育对国家、社会在政治、经济、文化、生态、科技等方面产生的影响，还表现在德育对社会经济发展、政治、文化、生态等产生的直接影响和间接影响。比如经济发展水平决定了德育的开展方向以及成效；社会思潮和国家的核心价值观对德育开展的方向有引导作用；自然环境对德育有熏陶作用等。高校德育的开展是以社会发展需要为价值出发点，根据社会发展需求规定德育目标与内容，为协调社会整体利益关系服务。

德育的个体性功能主要指德育对受教育者的个体在思想、价值观、行为实践、人生规划等方面产生的影响。首先，德育对个体内在精神修养具有重要的作用。引导个体在处理社会关系中学会考虑社会之需、他人之需，而非单一的自我之需，这也是个体在社会中立身处世的基本需要。其次,德育对个体精神境界的提升。德育用美好理念推动善的传播,从而获得精神上的富足和感恩。最后,有助于促进大学生在德育过程中加强主体意识的培养和发展,促进学生的个性发展和人格完善。

第四章　人本德育发展的主体性生成

古希腊德菲尔阿波罗神庙的碑铭上刻写着"认识你自己"。如何能认识自己以及对自我主体性的追求，始终是一个需要长期探寻的过程。随着科学技术突飞猛进的更迭发展以及国家市场经济的形成和实践，人的主体性愈发受到关注和研究。对人的主体性的研究以及主体性的发挥都成为当今社会的显著特征。的确，人的主体性有无很好地在社会上充分体现，是一个社会发展进步以及先进性的重要标志。

一、人的主体性思想的历史演变

"主体性"思想的演变和发展，具有它自身的历史逻辑和理论逻辑。在西方思想史上，一直侧重于指代"承担者"的意义。其中在认识论角度指代主体人，即意识、意志、自我、精神等的承担者。笛卡尔提出"我思故我在"的原则，通过"我思"论证我在，这也是第一次把主体置于客体的对立面，第一次将主体置于客体的对立面,将二者确立为主、客二分的对象性思维模式,这也成为认识论上主体性思潮发展的基石。康德著有《纯粹理性批判》《实践理性批判》和《判断力批判》三大"批判",这些批判回答了主体如何可能的问题,主体终于和人关联在一起,赋予其自我、理性和意识的意义。此后,黑格尔对主体与实体之间的关系也进行了再论述。但无论是黑格尔、康德还是笛卡尔,对主体性的探索都未超越认识论范畴。黑格尔也为此做过诸多超越性努力,但均未成功。到近代发展成哲学思辨的形式,但依旧落入主体摒弃鲜活现实的境地,而且没有成功。

马克思主义认为,人既是主体也是客体,主体与客体相统一是一个重要的关系范畴。主体和客体的关系是在劳动中生成的。主体是行为实施者,客体是实施对象。当人类还没有从原始的自然界分离出来的时候,当人类的自我意识还没有发展完善的时候,人类与自然是融为一体的,未区分主体与客体的关系。当人类在长期的生产活动中逐渐感受到自身在实践中的主体地位和角色,人的主体性才逐渐明晰。

马克思主义认为,人的主体性主要体现的就是人的实践性,因为人的主体性必须与人的实践性有效结合并发挥作用才能充分展现人自身的主动性、自由性和自为性。马克思尤其重视对人的主体性的思考和研究,对社会历史发展方面探索了身体发展的现实基础,对经济方面重点是探讨主体实践的物质基础,对政治实践方面重点是探索如何解决每个人的交往实践环境。这些探索都是基于人本思想以及历史唯物主义的哲学真理。这些探索也是主体性实现的前提条件。在此基础上,马克思结合他对社会发展规律的思考,提出了人的全面发展观。

二、人的主体性生成的内在机理

关于主体的生成机制,传统哲学都将主体置于一种先验的或超历史的环境下认识,认为人本身是先验固定不变的框架,但从人类社会发展的历史逻辑而言,人本不是先天的存在,而是在劳动中,在社会关系中才有了人类的生成。马克思主义打破了传统意义上的先验论,进而转向生成性的思维。生成性思维认为万事万物都是在时时刻刻发展变化中,没有所谓的绝对不变或固定不变。因此,理解马克思主义对人的理解必须要立足发展性、生成性角度去思考和把握。诚然,人的主体性的发展史是一个漫长的过程,因为人的主体性发展必然受到当时的经济关系和当时的历史条件影响。因此随着社会的不断推进,文明的不断进步,人本身越来越成为人们研究的对象,开始关注人类自己的需求、能力、本质等方面,人的主体能动性和自觉性不断提升。

《德意志形态》指出:"全部人类历史的第一个前提无疑是有生命的存在。因此,第一个需要确认的事实就是这些个人的肉体组织以及由此产生的个人与其他自然的关系。当然,我们在这里既不能深入研究人们自身的生理特性,也不能深入研究人们所处的各种自然条件——地质条件、山岳水文地理条件、气候条件以及其他条件。任何历史记载都应当从这些自然基础以及它们在历史进程中由于人们的活动而发生的变更出发。"①

人的发展是长期的历史发展过程,不是一时一地一人之功,而是长期发展的结果。马克思立足人类的发展,将人类历史的进程概括为三大社会形态。具体而言,1845年之前,马克思对人的发展逻辑主要从人的异化角度来解释,之后转变为立足于人的主体,根据人在不同阶段的发展状况提出了三大社会形态理论。在《德意志意识形态》中,马克思根据劳动生产工具的性质,把社会形态分为"前资本主义社会""资本主义社会""共产主义社会"三大社会形态。在前两种社会形态中,物是社会历史的主导力量,人的发展在这两个阶段都受到了外在物质力量的压制。在自然发生的前资本主义阶段,人只能简单对物品进行改造和加工,受限于土地对人的支配;在资本主义社会阶段,资本使人从自然界的统治中解放出来,但人又陷入了资本对人的统治。直到共产主义社会阶段,人才能实现自身完全的发展。马克思在《1857—1858年经济学手稿》中进一步归纳了在这三大社会形态中人的发展所呈现的不同特征,前资本主义社会阶段"人的依赖关系"是人的发展在社会中呈现出的最早的形式,资本主义阶段则是以"物的依赖关系"的社会形式为主,共产主义阶段的特征则是"建立在个人全面发展和他们共同的、社会的生产能力成为从属于他们的社会财富这一基础上的自由个性"②。可见,只有在共产主义社会,也就是在自由人联合体中,才能真正实现人的全面

---

① 马克思恩格斯选集(第1卷)[M].北京:人民出版社,2012:9.
② 马克思恩格斯文集(第8卷)[M]..北京:人民出版社,2009:52.

发展和社会财富的日益充盈,人们才能逐渐脱离对物的依赖,真正成为自由人联合体。在这一阶段,人的物化现象逐渐被克服,单纯用物的形式表现人与人之间的关系也逐渐淡化甚至消失,社会生产和经济发展的目的不再仅仅是财富和利益,而是更关注人本身,促进了人的自由个性的发展以及人的全面发展的实现。

(一)"人的依赖性关系"阶段

人类在最初,即没有实现完全独立以前,处于依赖性阶段。依赖性阶段也是人类发展的最初形态。"我们越往前追溯历史,个人,从而也是进行生产的个人,就越表现为不独立,从属于一个较大的整体。"[1]此阶段主要指原始社会、奴隶社会和封建社会,是一个相对原始的阶段,也是人类发展进程并未改变自然界的阶段,人们的生活与动物相似,他们生活所需的物品基本都是从自然界获取的天然未经加工打磨的自然物,未超越大自然给予的现实。人们还无法通过自身与自然界的相互作用以满足自己的需要。随着生产能力的不断提高,人的大脑发育、劳动能力都有所提高,他们可以通过自身的劳动来开发天然产物,在改造自然界的同时,满足了自身的发展需要。但不可否认,他们的劳动能力和改造能力是有限的,诸多劳动都是简单重复性劳动,人们对生活的需求较低,生活方式也比较简单,能生存下来生活就是最高的追求。由此可见,无论是人的需要本身,还是需要是否满足的期待,都具有典型的原始自然化特征。

---

[1] 马克思恩格斯全集(第46卷)[M],北京:人民出版社,1979:21.

在这一时期,由于社会分工尚未形成,每个劳动者都是独立完成一项事物的全部工作。一定程度上能表现出主体性的发挥,但是这些劳动的过程并没有达到人的自由发展的全面性。主要由两个条件影响,一是当时的生产力水平极其低下,人们无法完全脱离自然,完全受制于自然,在与自然共处的过程中,没有转变为与自然相对并改变自然、征服自然的独立个体性存在,每一个个体不能完全支配自己。个体的劳动本身并未作为能动的力量,而是与其他自然物归属一类,与牲畜同类,是土地的附庸者。二是在传统社会封建经济形态下,生产是用于满足生产者或个人的需要的,并作为交换形式进行交流,反映的也是生产力水平低下和社会分工极不发达的样态。由此可知,此时期的生产是封闭和保守的小生产方式,使人缺乏劳动的自主性和能动性的独立本质。

从原始社会到奴隶社会和封建社会阶段,统治阶级和被统治阶级之间依然是统治与被统治关系,人们在社会中所处的地位依然没有改变,受制于社会、缺乏自主性、独立性和自由,依附性强。社会之于个人而言,不是每个鲜活个体独立性的自觉组合,而是附庸于阶级压迫和统治力量的整合。每一个人的生存方式和意愿都是被迫依附于无限权威的强制性力量。每一个人的生存和发展没有自由选择权,只能依附于特权阶层。"虽然个人之间的关系表现为较为明显的人的关系,但他们只是作为某种规定性的个人而互相交往,如封建主和臣仆、地主与农奴等,或作为种姓成员等等,或属于某个等级。"[1]可见,人的活动自主性

---

[1] 马克思恩格斯全集(第46卷上)[M].北京:人民出版社,1979:110.

被剥夺，自由度被侵蚀，一切行为的初衷都不是自由自愿的选择，而是已经按照社会先行规定的制度约束被支配和限制，自身不是在做自己，而是等级共同体中的一环而已，每个人都是根据自己所属的等级再生产自己，每一次再生产不是让自己跳出制度的捆绑，而是愈加被束缚。

可见，本阶段的社会关系呈现一体化状态，迫使人与人之间或人与自然、社会之间都缺乏独立性、主动性、自主性，每个个体的个性没有得到充分的彰显。人们的活动呈现同质性，遵循着同样的规则，运用着同样的方式或不变的方式机械化进行。相对于大自然而言，没有任何可以选择或可以发挥自身能力的空间和自由。因此，在社会关系束缚下的个体，严重缺乏思想、能力和本质的独特性，只能依赖于共同体并以共同体的身份而存在。对个人而言，因缺乏独立性而只能以共同体中的小身份而存在。人的发展也缺乏了能支撑自身的实践基础。在社会关系的交往中，由于主体性被隐蔽，个人或者被消融在共同体中，且统治者与被统治者之间存在着不对等的剥削与被剥削、压迫与被压迫。在这种压迫和被压迫的关系下，底层被压迫者没有自由的身份，没有独立的人格，受奴隶主的随意指使和剥削，没有任何能力和机会抵抗。在这种情况下，人的个性培养和觉醒丧失了最基础的条件。总之，在此历史阶段，"无论是个人还是社会，都不能想象会有自由而充分的发展，因为这样的发展是同（个人和社会之间的）原始关系矛盾的"[1]，人的个性发展仍处于最初级的阶段。

---

[1] 马克思恩格斯全集(第46卷上)[M].北京:人民出版社,1979:485.

在人的依赖性发展阶段,整个社会陷于无主体的境地。在人类社会早期,生产力极不发达,劳动的主要工具就是石器、骨器、树枝等手工工具。交通工具相对落后,致使民族内部和民族之间的交往关系及其简单和贫乏。主要局限于血缘群体之间和相近的地区。又由于生产力水平低下,仅仅依靠自身力量无法抵御各种外部风险,只好结成一定规模的群体。在群体中,个人的身份和命运归群体管理,群体中的组织者就代表着统治阶级。在奴隶社会和封建社会就存在这样等级差异的人身依附关系。这种依附关系不是自然而然的领导与被领导关系,而是压迫与被压迫关系,限制与被限制关系,人不仅失去了自由,也失去了自己。最终导致了主体性和独立性的淹没和自由人格的泯灭。

就人的主体性发展历程和方向而言,人的依赖性阶段只是必经的一个潜在阶段,人虽然完成了与自然的分化,把自己从自然界中抽离出来,作为一个区别于普通自然物的高级主体而存在,但此时的人终究还是一个社会存在物,因为人们创造历史的活动不是在自觉的状态下进行的,而是以群体活动的方式进行,没有独立性,所以,个体在整个活动中形成的一定范围的关系,都还不能视作真正意义上的主体。

(二)"以物为基础的人的独立性"阶段

"以物为基础的人的独立性"的阶段是人的发展的第二大社会形态。"在这种形态下,才形成普遍的社会物质变换,全面的关系,多方面的需求以及全面的能力体系。"[①]其内容包括"商品

[①] 马克思恩格斯全集(第46卷上)[M].人民出版社,1979:104.

化"的需要、"能动—片面"的活动、"物化"的社会关系和"独立—物役"的个性。具体而言,"商品化"的需要主要表现为在以商品和货币为中介的市场经济条件下,人们需要商品货币化,人超出直接自然物质需要而通过商品化的物质生产来丰富和充实自己的内本质。需要的商品货币化,使得社会生产的发展同人的内在本性需要的发展实现了更高层次上的统一,吃饱穿暖不再是生活的唯一目标和最高追求,人们在满足自己的物质需要的基础上,追求更高层次的发展,比如从事文化、艺术、科学等活动,以提升和充盈自己的精神生活,以获取精神上的愉悦和满足。其二,表现为人不再依附于或屈服于自然,反而变成了征服自然的统治者。在大工业生产环境下,人们对自然处于普遍占有的状态,也进一步揭示了人相对于自然界而言不再是妥协和屈服,而是成为自然的领导者、统治者和征服者。社会化的大工业生产也意味着人对自然界的普遍占有,这使得人类首次对自然界的占有有了独立的地位,成为与自然界相对立的存在。但是大工业生产的显著特点是社会分工和机械化水平很高,它在给予人类强大的主体能力的同时,也造成人们的活动呈现片面和畸形。其三,社会关系的"物化"表现为每一位生产主体的直接目的就是换取货币,每个人所需要的商品,都需要货币购买,最终表现出个人需要和社会需要对社会生产的依赖,从本质上讲就是对货币的依赖,自然而然人与人之间的社会关系其本质就表现为物的依赖关系,呈现出人与人之间关系的"物化",这也是此阶段社会关系的本质体现。物化的社会关系必然带来"物化"的社会关系,人的主体性和自由度受到很大程度的限制,个性独立逐渐消失,即使有个性,这种个性也是物役下的个性,而非自由的个性。

(三)"自由个性"全面发展阶段

"人的自由"和"自由个性"的概念是理解马克思"自由观"的重要来源,且在很多经典著作中都能体现出马克思对人的自由的高度关注。据学者统计,"自由个性"概念在马克思的著作中共出现了六次,而且多集中于马克思后期的《资本论》及其手稿。但与"自由个性"相关的概念却充满了马克思的整个著述生涯,从《1844年经济学哲学手稿》中的占有自己的全面本质的"总体的人",到《德意志意识形态》中的"有个性的个人",从《1857—1858年经济学手稿》中的"全面发展的个人",到《资本论》中的"自由而全面的发展"的个人,充分体现了马克思对人的自由个性的重视,既将其看作人的自由发展的终极目标,又将其作为最高的价值理论来规范、评判社会发展的阶段和个人自由的程度。可以说"自由个性"是马克思自由观的核心,既是马克思对自由的本质的认识不断深化的结果,又是马克思以之为理想追求而变革社会现实的精神动力。

"自由个性"是属于"现实的个人"的自由个性而非其他。所谓"现实的个人",在马克思的阐释下,它既是自然的产物,也是人类历史发展的必然结果,是在一定的自然环境和社会关系中从事生产劳动的人,而正是这种生产劳动所形成的生产关系决定了人的本质。马克思指出:"人的本质不是单个人所固有的抽象物,在其现实性上,它是一切社会关系的总和。"[①]此处的"社

---

① 马克思恩格斯文集(第1卷)[M].人民出版社,2009:501.

会关系"是在生产劳动中所形成的人与自然、人与人、人与社会之间等的关系,每个人其实从属于一定的社会群体,时时刻刻都在与周围的人发生着各种各样的关系,而人的"自由个性"就蕴含于社会关系之中,受一定社会关系的决定性影响。因而,马克思所描绘的社会发展三阶段理论就可以看作是"自由个性"的发展历程:在"人的依赖"阶段,由于生产力发展空间不足,每个人是需要完全依赖他人才能生存,人的独立性尚未建立起来,更谈不上"自由个性"的发展。随着社会生产力的发展,社会关系较之前明晰了很多,人类进入了"以物的依赖性为基础的人的独立性"阶段,"在这种形式下,才形成普遍的社会物质变换、全面的关系、多方面的需要以及全面的能力的体系"[1]。由此可知,生产力的发展不仅在一定程度上让人得以解放,让每个人的个性和独立性得以塑造,让人的交往、关系、需要、能力等各方面得到发展,当然,人的意志、意识等也得到了相应的发展,正是这些,构成了人的个性。但是需要关注的是,即使在"物的依赖"阶段,人的个性确实得到了一定程度的解放和发展,人确实相较之前拥有了更多的自由,但"自由个性"的彰显尚未完全实现,因为人的个性或自由依然受到当时社会以私有制为基础的生产关系的制约以及生产力发展水平的制约,只有在社会生产力与社会关系之间达到更协同的时候,才能真正实现人所谓的"自由",即"建立在个人全面发展和他们共同的、社会的生产能力成为从属于他们的社会财富这一基础上的'自由个性'"[2],是真正意义上的

---

[1] 马克思恩格斯全集(第30卷)[M].北京:人民出版社,1995:306.
[2] 马克思恩格斯全集(第46卷上)[M].北京:人民出版社,1979:104.

物质条件极大丰富、自由全面极大实现的境遇。日常生活中我们所谈及的自由是适应于当前经济关系和生产力水平,但此阶段由于生产力发展水平极大提高,物质产品极大丰富,人们的劳动已不是为了满足生存或谋生的目的,而是实现自己人生价值的需要。具体的变化表现为对物质和生存需要的紧迫感和紧张感明显下降,而关于满足自我对精神生活的向往和满足(自我实现、自我发展、自由需求等)的愿望更加强烈,表明生产力的发展推动了人的思想观念的质的扭转,为朝着实现人的共同富裕奠定了重要的思想基础。

自由个性是在真正的共同体环境中,每一个个体可以在自己所属的共同体中获取自己的自由,人也真正成为自由、自觉、自为的主体。人的内心追求已不再是仅仅挣脱束缚获得的自由,而是在相对自由的基础上的自我全面实现。"人终于成为自己的社会结合的主人,从而也就成为自然界的主人,成为自身的主人——自由的人"[1]。直到共产主义社会,资本主义私人占有制被消灭,全部生产资料和生活资料都集中在普通人的手里,生产资料私人占有改变为每个老百姓都有获得的权利和机会。整个社会调节生产和产品分配,生产产品不再是以交换价值为目的的商品生产,而是竭力满足每位老百姓的个性需求及其全面发展之需,每个社会成员之间结成"自由人联合体",在真实可靠的联合体中获取自身所需要的财富和自由。这样的自由不再有阶

---

[1] 马克思恩格斯选集(第3卷)[M].北京:人民出版社,1995:760.

级压迫，人才是真正的自然界的主人，社会发展的主人，并成为自己的主人和自由的人。

三、人的主体性思想的理论基础

在马克思主义理论中，阐述人的主体性是对人的本质理论的深化，也可理解为阐释和理解人的本质理论是研究人的主体论的前提和基础。

人性是针对动物的兽性作为对立面而提出的，而主体性是在人与动物的本质差异基础上提出来的。在马克思看来，主体始终是人，但人和主体并不完全等同，因为并不是每个人都是现实的主体。主体与客体之间的关系建立以及主体地位的确立，不仅取决于客体的性质，也离不开人的本质的力量。马克思指出："我的对象只能是我的一种本质力量的确证，也就是说，它只能像我的本质力量作为一种主体能力自为地存在着的那样对我存在。"[1]即当人具有主观能动性和主体意识、主体能力并作用于客体的时候，就能成为真正的主体。马克思曾生动地举例阐释，提出若没有听音乐的耳朵和能力，无法欣赏音乐的人，音乐对于他们也是没有意义和价值的。

---

[1]《马克思恩格斯全集》(第42卷上)[M].北京：人民出版社，1979：126.

因此,主体性本身就是对人本身的一种超越,是对人来说更高层次的规定和阐释。对于个体而言,在具体的社会发展中或具体活动中,可能成为主体,也可能不是主体,但无论如何,人是具有人性的。人性是主体性的前提和基础,它不仅是人本身所具有的特性,也是主体性的前提。当一个人成为主体并具有主体性时,也同时丰富了个体人性的内容,也成为人性的核心。在马克思看来,每个人都是现实的人,活生生的在历史发展进程中活动的人,因此也就成为在物质实践活动中具有主体性的人。

人的本质是个体或群体在一定的社会关系中的劳动,能劳动也是人区别于动物的显著标志,也是人之为人的重要根据。劳动不仅创造了社会关系,还创造了人和人的主体性。人的本质理论是人的主体性的基础,主体性深化了人的本质的内容。

(一)人的类本质和个体本质

马克思关于人的"类本质"的思想是基于对费尔巴哈关于此问题的批判而提出的。费尔巴哈关于人的本质是从"抽象的人"的概念出发的,主要是从伦理观的视角对人的"类本质"下定义。他提出:"人自己意识到的人的本质究竟是什么呢?或者,在人里面形成类、即形成本来的人性的东西究竟是什么呢?就是理性、意志、心。一个完善的人,必定具备思维力、意志力和心力。思维力是认识之光,意志力是品性之能量,心力是爱。理性、爱、意志力,这就是完善性,这就是最高的力,这就是作为人的绝对本质,就是人生存的目的。人之所以生存,就是为了认识,为了爱,为了愿望。"[1]在人的"理性、意志、心"中,费尔巴哈更多地强调的是"善良"和"友情",当然,这里"善良"和"友情"都具有至上的终极意义。而马克思主义则从历史唯物主义视角分析本质问题。

马克思主义认为,人作为主体,直接参与认识活动和实践活动。在一定意义上"人"和"主体"还是存在区别的。如果一个人没有开展和参与实践活动,就不能定义为主体。宏观上讲,任何人都只能是潜在的主体。

在马克思主义看来,"主体"只能是"现实中的人",且人通过多维的自由自觉的活动进行自我肯定,这种确证方式就与动物区分开来。"一个种的全部特性、种的类特性就在于生命活动的性质,而人类的特性恰恰就是自由的有意识的活动。"[2]若与动物相比,人的生命活动并非动物的直接同一,他是使自己的生命活动本身变成自己的意志的和自己意识的对象,从而和动物区分开来。也正是因为人是类存在物,他才是有意识有目的的存在,同时开展他的实践活动。"可以根据意识、宗教或随便别的什么来区别人和动物。一当人开始生产自己的生活资料的时候,这一步是由他们的肉体组织所决定的,人本身就开始把自己和动物区别开来。"[3]由此可知,自由的有意识有目的的实践活动是人类区别于其他类的类本质。

当我们通过对人的劳动和动物的劳动进行对比时,可以得

---

[1] 费尔巴哈哲学著作选集(下卷)[M].北京:商务印书馆,1984:27-28.
[2] 马克思恩格斯选集(第1卷)[M].北京:人民出版社,1995:46.
[3] 马克思恩格斯选集(第1卷)[M].北京:人民出版社,2012:405.

出清晰的结论,即人作为类存在的特性是马克思人本德育的理论基础。"诚然,动物也生产。它也为自己营造巢穴或住所,如蜜蜂、海狸、蚂蚁等。但动物只是生产它自己或它的幼仔所直接需要的东西;动物的生产是片面的,而人的生产是全面的;动物只是在直接的肉体需要的支配下生产,而人甚至不受肉体需要的支配也进行生产,并且只有不受这种需要的支配时才能进行真正的生产;动物只能生产自身,而人再生整个自然界,动物的产品直接同它的肉体相联系,而人则自由地对待自己的产品。动物只是按照它所属的那个种的尺度和需要来建造,而人却懂得按照任何一个种的尺度来进行生产,并且懂得怎样处处都把内在的尺度运用到对象上去;因此,人也按照美的规律来建造。"①由此可见,正是因为人的生产是自由自觉自为的活动,所以也成为人区别于动物的本质性特征。违背这一恒定规律的实践都是不合理的,甚至是要坚决制止的。"有意识的生命活动把人同动物的生命活动直接区别开来。正是由于这一点,人才是类存在物。……仅仅由于这一点,他的活动才是自由的活动。"②这种自由是超越动物自然属性基础和一切动物之上的自由,逐渐摆脱了肉体的束缚和生存繁衍的绑架而进行的真实的自由的活动。所以,人类的社会生产活动既有能动性,还具有创造性,是通过人的劳动实践对象化为实践成果的过程,并且在生产过程中人们的精神世界也得到了一定程度的完满和升华。反之,若人的主

---

① 马克思恩格斯全集(第42卷)[M].北京:人民出版社,1979:96-97.
② 马克思恩格斯全集(第42卷)[M].北京:人民出版社,1979:96.

体主动性和劳动的自由性和自觉性一旦消失,就丧失了创造性,因为整个劳动的过程是被迫的和痛苦的。西方资本主义生产方式就是劳动的异化过程,成全了资本家而丢失了自己本应作为主体人的资格。

(二)人的自然属性、社会属性和精神属性

人是自然属性和社会属性、精神属性的有机统一体,不存在单纯自然属性或社会属性的个体(人)。自然属性主要指生理结构、生理机能和生理需要等。马克思认为,人是自然界长期发展的产物,是从猿到人的转变过程的结果体现。所以人虽然属于高级动物,但依然具有自然属性。

1.人的自然属性

因为人是大自然发展到一定阶段的产物,所以人本身作为大自然的一部分也具有无法摆脱的自然属性。比如自我保护、性欲、情欲等。人的自然属性也表达了人与自然的统一性,明确了人是自然的一部分以及和动物的关联。但是马克思虽然承认人具有自然属性,但更强调人区别于动物的社会属性。

在《1844年经济学哲学手稿》中,马克思的关注点就是自然的人。"现实的、有形体的、站在稳固的地球上呼吸着一切自然力的人"[①]。"人直接地是自然存在物,一方面具有自然力、生命力,是能动的自然存在物;这些力量作为天赋和才能、作为欲望存在

---

① 马克思恩格斯全集(第42卷)[M].北京:人民出版社,1979:167.

第四章　人本德育发展的主体性生成

于人身上;另一方面,人作为自然的、肉体的、感性的、对象性的存在物,和动植物一样,是受动的、受制约的和受限制的存在物"①。"说人是肉体的、有自然力的、有生命的、现实的、感性的、对象性的存在物,这就等于说,人有了现实的、感性的对象作为自己的本质即自己的生命表现的对象;或者说,人只有凭借现实的、感性的对象才能表现自己的生命"②。

作为个体的人,性欲、食欲和趋利避害、自我保护等是人的自然属性,这个与动物是一样的,也是必然存在的,因为这些要素是维持人类的生命存在及繁衍的必要条件。所以,人固有的自然属性是人的存在和发展的前提条件。但对于马克思而言,人类的自然属性与动物的自然属性是不能归结于相同的。"我们一天天地学会更正确地理解自然规律,学会认识我们对自然界的习常过程所做的干预、所引起的较近或较远的后果。……这种事情发生得越多,人们就越是不仅再次感觉到,而且也认识到自身和自然界的一体性,而那种关于精神和物质、人类和自然、灵魂和肉体之间的对立的荒谬的、反自然的观点,也就越不成立了"③,"我们连同我们的肉、血和头脑都是属于自然界和存在于自然之中的;我们对自然界的全部统治力量,就在于我们比其他一切生物强,能够认识和正确运用自然规律"④。虽然人是从动物进化而来,不可避免带有自然属性的一面,但在本质上讲,人和动物

---

① 马克思恩格斯全集(第42卷))[M].北京:人民出版社,1979:167.
② 马克思恩格斯全集(第42卷))[M].北京:人民出版社,1979:168.
③ 马克思恩格斯选集(第4卷))[M].北京:人民出版社,1995:384.
④ 马克思恩格斯选集(第4卷))[M].北京:人民出版社,1995:384.

有本质的区别。在动物转变为人类之前,人和动物的需求是一样的,主要是一些最自然的需要,即肉体的需要。但是随着人类的不断进化和发展,人类无论从外表样态、需求、能动性等都发生了重大变化。而动物依然是动物本身,保持着自己的自然属性和生活方式。所以,表面看,人和动物在很多方面做着很相似的事情,但人的自然属性已经在发展过程中受到比如文化思想、价值观、精神等方面的影响,已经深深打上了社会的烙印,所以,人的自然属性绝不是动物的自然属性,而是社会化之后的自然属性。

2.社会属性

人的社会属性主要指人作为社会性的存在所具有的基本特性,比如人从出生之日起就被各种社会关系围绕左右,受到各种社会关系的影响,所以,人的社会属性展现的是在人的生产生活的实践过程中形成的人与人之间、人与团体之间的相互作用的特性,这也是人之为人的本质性体现。人的社会性也是在人的生产实践过程中不断得到展现和发展完善的。马克思在《詹姆斯·穆勒〈政治经济学原理〉一书摘要》中提出:"人的本质是人的真正社会联系,所以人在积极实现自己本质的过程中创造、生产人的社会联系、社会本质,而社会本质不是一种同单个人相对立的抽象的一般的力量,而是每一个单个人的本质,是他自己的活动,他自己的生活,他自己的享受,他自己的财富。"[1]

社会性的遵循必然发展整体意识和归属意识的社会性。这

---

[1] 马克思恩格斯全集(第42卷)[M].北京:人民出版社,1979:24.

种社会性也正如亚里士多德认为的,人是社会性的动物,当脱离开人的社会团体和关系,人将面临远离社会后的无知而感到的不幸福以及美德的缺失。而恰恰是这些特性将人从动物界中抽离出来,使人真正具有了自己独立的人性和个性。在马克思的世界里,人类社会和人的起源和发展是同步的,所以人生而具有社会性,是典型的社会人。这一社会性的形成不仅仅是人的生物进化的必然结果,还是以人的劳动为基础而形成的人与人之间和人与社会之间形成交互关系的过程。这其中,后天的家庭教育、学校教育和社会教育等不同的教育环境在一个人的社会属性形成中具有举足轻重的意义,从而也再一次论证了人的社会性是由多重社会关系共同作用而塑造形成的。人的社会性主要表现在以下几个方面。

一是人对社会的依存关系。人从出生之日起就是一个社会人,就会与社会发生各种各样的关系。马克思认为:"人是最名副其实的政治动物,不仅是一种合群的动物,而且是只有在社会中才能独立的动物。孤立的个人在社会之外进行生产——这是罕见的事情。——就像许多个人不在一起生活和彼此交谈而竟有语言发展一样,是不可思议的。"①现实社会中不存在脱离社会之外的独立抽象的个体,社会是每一个个体生存和发展的基石,也为人的发展提出了新的要求和新的机遇。所以,我们无法脱离社会去理解人的活动,而且随着时代的发展愈加竞速化和全面化,人对社会的依赖性只会越来越高而非相反。

二是人的多元交往的社会性。人生而具有社会性和多重交

---

① 马克思恩格斯选集(第2卷)[M].北京:人民出版社,1995:384.

往关系。交往主要是指个体在社会关系中发生的不同性质和类型的往来、接触和联系。而人的全面发展是以人的交往为前提的,人想获得的物质满足、精神满足、肉体满足等都是通过交往而实现的。马克思主义认为,在个体的交往过程中,不仅有身体上的或肢体上的交往,还有与精神世界的对话与碰撞,从而形成相得益彰的效果。交往还具有强大的教育传导力量,在交往中不仅传递着信息,也实现了好的习惯、良好的风尚和风气、积极的精神力量、向上的前进力量等。"人们是自己的观念、思想等的生产者,但这里所说的人们是现实的、从事活动的人们,他们受自己的生产力和与之相适应的交往的一定发展——直到交往的最遥远的形态——所制约。"①

三是人作为社会人的道德性。道德是在社会关系中产生的一种特殊的社会意识形态,是规范人们在与他人、与社会开展交往过程中需要依靠社会舆论、传统习俗和内心信念来约束人们思想和行为的准绳。在现实社会中,人与人之间发生无论何种关系时,一般都要遵循全社会普遍认同和接受的道德要求进行实践。而动物的活动是无意识的、自然性的活动,是本能的实现过程,无所谓对与错、善与恶的问题。但人与动物的根本区别就在于人是社会中的人,我们的实践活动都要根据一定的历史条件下形成的道德规范来规范自己的行为,并且要承担相应的责任。道德评价也贯穿了人的行为全过程。

四是人的生产活动的协同性。人类的生产活动包括物质生

---

① 马克思恩格斯选集(第1卷)[M].北京:人民出版社,1995:72.

产、精神生产和文化生产活动。每一种活动都离不开社会关系中的协同性。道德也正是在生产实践的协同过程中为了避免出现利益纠纷等问题而产生的。

3.人的精神属性

人的精神问题从深层次讲也具有社会属性,正常情况下只谈人的自然属性和社会属性,但将精神属性从中抽离出来单独阐述的目的是能更深层次地探索人的精神世界,进一步增强对精神的理解和把握。

马克思主义的经典作家对"精神"是高度肯定的。有精神、有理性思维是人区别于动物的显著标志。脱离人的精神属性,我们就无法解释人和动物到底有何种区别,也无法揭示人和动物在本质属性上的本质区别。"我们要考察的是专属于人的那种形式劳动。蜘蛛的活动与织工的活动相似,蜜蜂建筑蜂房的本领使人间的许多建筑师感到惭愧。但是,最蹩脚的建筑师从一开始就比最灵巧的蜜蜂高明的地方,是他在用蜂蜡建筑蜂房以前,已经在头脑中把它建成。劳动过程结束时得到的结果,在这个过程开始时就已经在劳动者的表象中存在着。他不仅使自然物发生形式变化,同时他还在自然物中实现自己的目的,这个目的是他所知道的,是作为规律决定着他的活动的方式和方法的,他必须使他一直服从这个目的。但是这种服从不是孤立的行为。除了从事劳动的那些器官紧张之外,在整个劳动时间内,还需要有作为注意力表现出来的有目的的意志"[1]。因此,人的自然属性和社会属性只有在人的精神活动运行下才能真正展现出人与动物的本质

---

[1] 资本论(第1卷)[M].北京:人民出版社,2004:208.

区别。所以,人的自然属性、社会属性和精神属性三者是相互统一的关系,也是真正能彰显人的本质的重要支撑。

(三)人的本质与人的类本质

1.人的本质与人的类本质生成

马克思指出:"生产生活本来就是类生活。这是产生生命的生活。一个种的全部特性就在于生命活动的性质,而人的类特性恰恰就是自由自觉的活动。"[1]生产生活就是人的一种类生活,也是人的类特性和类本质。人的类存在其实质就是一种以实践为本体的存在。人的社会活动都是以类存在的方式发展的。人们通过物质生产实践活动进行改造自然界和人类社会,把外部世界作为自己所需要的生活资料和生产资料,而且是以人的本质为对象,通过自身的实践将其转化为现实的存在,说明人类可以通过满足自身需要的实践活动将实践对象化和物化。通过人类的改造世界的客观活动可以证明,人是有意识、有目的的改造物质世界的类存在物,正因为是这样的存在物,它们把类视作自己的本质。所以社会生产实践活动是人的类生活。也只有在人创造世界的活动中,才能真正把自己和其他动物类相区别开来。从上述看,人的类本质的确定就是人区别于动物的最本质的表现。

因为人从出生之日起就必然处于社会关系中,受到人与人

---

[1] 马克思恩格斯全集(第42卷)[M],北京:人民出版社,1979:96.

之间、人与社会之间、人与国家之间关系的相互影响、相互作用。所以，马克思在阐述人的本质时指出了人的本质不是单个人所固有的抽象物，在其现实性上，它是一切社会关系的总和。此处的"社会关系"主要指代人与人之间和人与社会、国家、世界之间所表现出来的人的本质问题。而且，一个人只有在作为社会关系中的一员时，才能参与到实践活动中进行改造世界，才能真正展现出人区别于动物的能动性和实践性。马克思对此曾提出："人们在生产中不仅仅同自然界发生关系。他们如果不以一定的方式结合起来共同活动和互相交换活动，便不能进行生产。为了进行生产，人们便发生一定的联系和关系；只有在这些社会联系和社会关系范围内，才会有他们对自然界的关系，才会有生产。"[①]因此我们可以得出结论，人们生活在世界上就必然会处于自然关系与人与人的关系中，这是不可随意更改的事实。在人与自然的关系中，主要能表现出人与自然物之间的类的区别，体现出人与自然物之间的类本质差异。在人与人的关系中表现的是人与人、人与阶级、人与不同民族、人与不同群体之间的差异与联系。人的类本质就是人们在社会交往活动中表现出来的人的不同层面的社会特性。

一是多样性。现实生活中的社会关系是相对复杂多样的。马克思谈及的人不是我们想象中的那个人，其特指的是现实社会中的人，即在社会现实的实践活动中从事物质生产实践活动的人，是在不受任何人支配和利用下能展现自己的能动的人。"能

---

① 马克思恩格斯全集(第6卷)[M].北京：人民出版社，1961：486.

动"地展现出的"自己"体现出受不同社会关系的影响和输出,同时人的能动的行为展现又受到所从事活动的框架和约束。换言之,个体在社会中扮演的不同的角色,承担着不同的任务,就决定了人的社会关系总和是多样的、复杂的,比如包括政治关系、文化关系、经济关系、教育关系等。换言之,每一个活生生的个体所处的"社会关系的总和"一定是具体的,因为每个人生而不同,也就不存在社会关系完全相同的两个人。因此,一个社会人的本质一定不是单一的,而是丰富多样的,不能一概而论,必须要具体情况具体分析每个人或群体所处的社会关系网,从而确定他们的社会关系的本质。

二是易变性。每一个个体都是由动物进化过来的,所以人固有的自然属性是每个人都具有的。但是人类拥有区别于动物的类本质,以便确证人本身。相对于比较稳定的人的类本质而言,人的个体本质是不断变化的。首先,人的个体本质是在正常的生活中通过一定的实践方式而形成、变化和发展的。"它在更大程度是这些个人的一定的活动方式、表现他们生活的一定的活动方式、他们的一定的生活方式。个人怎样表现自己的生活,他们自己也就怎样。因此,他们是什么样的,这同他们的生产是一致的——既和他们生产什么一致,又和他们怎样生产一致"[①]。换言之,每个个体的本质并非生而俱在,而是在自我的生产生活的方式中逐渐形成的。每个人都具有自身独特的生存方式,创造自己生活的方式存在差异,那他就会有属于自己的生活意义和价

---

① 马克思恩格斯全集(第3卷)[M].北京:人民出版社,1960:24.

值。其次，随着生产力的发展变化，因为生产力决定生产关系，所以，与生产力发展相适应的生产关系所决定的政治关系、文化关系等都在发生变化，与之相适应的人的社会关系也必然发生改变。由上述可得出结论，人的个体本质不是恒定不变的，而是处于不断的发展变化中。总而言之，人的社会关系的本质是复杂多样的，发展变化的。马克思主义所阐述的"一切社会关系的总和"不能片面解读，而应当理解为人的本质是在一切社会关系的总和中动态表现出来的各种社会关系。

2.马克思主义经典作品关于人的本质和人的类本质解读

关于人的本质，马克思主义经典作品将人的本质分为两部分，一是人的本质，二是人的类本质。其中人的类本质主要指人类作为一个整体所具有的能与动物从根本上区别开来的本质特征。人的类本质就是前文所述的劳动。再进一步阐释，即表现在人类活动的自由自觉性、主动性、创造性和自我意识性。人的本质就是马克思所揭示出来的是一切社会关系的总和。这恰好突出点明了人的独特性和差异性，全面揭示了人的本质，是人的类本质在个体的、具体的、特定的社会关系或社会实践活动中展现出来的样态，也随着整个历史条件发展的变化而随之变化。

马克思主义认为，人的实践活动不仅具有内生的能动性，也具有外在的现实性。也就是说，人的生产实践活动不是任意进行的，而是在一定的物质的、不受他们任意控制的前提下开展的。而正是因为人类的活动受到一定现有条件的制约和束缚，不是主观意愿想如何做就如何做，人才能成为既是创造者也是被创造者，是能动和受动的统一。换言之，人在什么条件下活动，开展什么样的活动，在怎样的环境中表现自己，他就是怎样的人，再一次证明了人的本质是一切社会关系的总和。

可以说,马克思主义对人的本质的探索经历了从自由自觉的活动到社会关系的总和的认识上的深化。首先强调了人的类本质是自由自觉的活动,相较于人的本质是从静态视角分析和阐释人的一般活动的特征的。而关于人的本质问题,马克思主义提出的"是一切社会关系的总和"是从动态视角做出的阐释,主要表现人的本质如何在具体的历史条件下进行表现及发展变化。上述这两个方面都是不可忽略和缺少的。人的活动区别于动物的地方在于,人的活动是能动和受动的统一。人的创造性和超越性也是固有存在的,这也是整个人类世界不断人化的原因。但是,人的能动不是任意的,而是必须在具体的历史环境和关系中开展,一定会受到客观环境和赋予条件的制约,所以才会表现出不同的特点。由上述阐述可以得出结论:只有把人的本质的内在方面和外在方面相统一去考察,才能构成马克思主义的现实的人的本质理论。

(四)马克思的主体性思想与德育

马克思主义哲学实践观是马克思主义哲学思想的核心,建立在马克思辩证唯物主义和历史唯物主义的方法论基础之上,批判和超越了很多西方关于主体论的思想,对德育主体性思想进一步深化,为新时代人本德育工作的开展提供了坚实的理论基础。

1.马克思主义的主体性思想

(1)马克思主义的主体性思想的理论内涵

关于"主体"问题,马克思认为的主体不是抽象的,而是在具体的历史活动中实践的主体,既不是唯心主义,也不是半截子唯物主义,而是现实实践中的有生命力、有发展动力的现实的、历史的人。马克思对人的主体性做了如下解读。

其一,马克思指出:"全部人类历史的第一个历史前提无疑是有生命的存在。因此,第一个需要确认的事实就是这些个人的肉体组织以及由此产生的个人对其他自然的关系。"[1]这也是最基本的前提。马克思首先提出:"人直接地是自然的存在物,人作为自然存在物,而且作为有生命的自然存在物,一方面具有自然力、生命力,是能动的自然存在物;这些力量作为天赋和才能、作为欲望存在于人身上。另一方面,人作为自然的、肉体的、感性的、对象性的存在物……是受动的、受制约的和受限制的存在物。"[2]也就是说,人天生就具有自然属性,是属于现实的实体。因为人本身就是自然界发展的一部分,是自然界长期发展的产物。人的身体肢体、器官和生命都属于自然并受到自然的支配。人必须要同自然进行物质交换和能量转换,才能帮助自己得到更长久的生存和发展。

其二,人是有意识的高级存在物。有目的,有意识,尤其是社会意识是人区别于动物的最显著的、最根本的区别。而人的意识存在不仅是基于人的生理基础,更重要的是人的劳动问题和社会实践问题,决定了人是区别于动物的有意识的高级动物。

---

[1] 马克思恩格斯选集(第1卷)[M].北京:人民出版社,1995:67.
[2] 马克思恩格斯全集(第42卷)[M].北京:人民出版社,1972:167.

其三,作为主体的人是物质生产实践活动的产物。因为人是有意识有目的的高级动物,他们可以自己创造自己的生活,丰富自己的生活,同时也创造了自己。

其四,每个个体都离不开社会关系,生而处在社会关系中。"他的前提是人,但不是处在某种虚幻的离群索居和固定不变状态中的人,而是处在现实的、可以通过经验观察到的、在一定条件下进行的发展过程中的人。"[①]据此可将马克思的主体性总结归结为:处于一定的历史大环境中的,有意识、有目的、有方向的开展认识世界和改造世界的活动的人。

(2)马克思主义主体性的基本特点

主体性思想是哲学的重要组成部分,而马克思的主体性思想更是独树一帜。从历史唯物主义出发,马克思认为人是历史发展的存在物。人的主体性正是历史发展的过程的结果,具有历史性。马克思主义认为人的意识不是凭空生成的"纯粹"的意识,意识的出现都是与最初的物质生产生活、现实语言交织在一起,思维的出现和语言的发展都是物质活动的结果。所以,意识不是凭空产生的,从根本上讲是社会存在的理论呈现。也就是说意识是存在的理论呈现,而非神秘莫测的东西。"社会生活在本质上是实践。凡是把理论导致神秘主义的神秘东西,都能在人的实践中以及对这个实践的理解中得到合理的解决"[②]。并且马克思主义认为,意识的一切形式和产物想通过理论的批判来消灭是不

[①] 马克思恩格斯选集(第1卷)[M].北京:人民出版社,1995:73.
[②] 马克思恩格斯选集(第1卷)[M].北京:人民出版社,1995:60.

可能的,归根到底还是要靠物质的力量来摧毁。总之,意识是在实践中生成的,其从狭隘到"独立"的发展深深受到实践的发展的制约,也打破了唯心主义的幻想。

其一,现实的人是人的主体性的承载者。在传统哲学中,人被唯一化为理性的人,也就是将理想、意识看作为人的主体性根本。将人类的发展历史看作是精神和意识创造的历史。可以说,在马克思主义产生以前,历史唯心主义一直占据着主导地位,认为英雄人物创造历史,夸大所谓英雄人物的心理活动对历史的改变。

有别于传统哲学,马克思将现实的人作为其哲学的出发点,"和它完全相反,这里我们是从人间升到天国。……我们的出发点是从事实际活动的人"[①],现实的人,既不同于唯心主义所理解的"唯灵论"的人,也有别于旧唯物主义所理解的自然人,马克思认为,现实的人,是自然性与社会性的合一,人类历史是由行动着的人民群众所创造的。也就是人民群众是历史的创造者。

其二,实践是人的主体性的重要支柱。马克思指出,实践构成了人的存在方式,是人的主体性的集中体现。马克思主义认为,实践是物质制约性与自觉能动性相统一的合规律性与合目的性的一体化过程。一方面,实践不是空中楼阁,不是高高在上,而是将人与自然、人与社会、人与人以及人与其意识的多重关系

---

① 马克思恩格斯选集(第1卷)[M].北京:人民出版社,1995:73.

整合统筹。首先人直接的是自然存在物,自然界构成人的无机的身体;其次,社会化的人更受制于不同时代的社会关系,由此决定了人是受动的、受制约的和受限制的存在物,不存在所谓的先验的意识主体性。另一方面,实践作为人的存在与动物的本质区别,马克思在《1844年经济学哲学手稿》中将其进行了比较,其他动物的生命存在是本能的、片面的,仅按照其所属物种的尺度生产,人则将自己的生命变作意志和意识的对象,高瞻远瞩、未雨绸缪,在对象性活动中实现人的尺度和物的尺度、真理尺度和价值尺度的合一,因而人的生命存在是全面的、自由自觉的。实践作为将主观见之于客观的对象化活动,是合规律性基础上的合目的性的实现,以至达及美与自由的"游刃有余"之境界,是人的主体性的淋漓尽致的表现。

其三,马克思主体性思想的特质。实践与认识层面的双重主体性。在客观的对象化活动中,借由主体客体化与客体主体化的双向互动,实践视野下所理解的主体与客体以及主体性无论在深度还是广度方面,都有别于传统哲学。传统哲学那里,主体表现为"意识"的主体,客体主要作为认识的对象,呈现为知识,因而所谓的主体性亦即意识的主体性。在马克思的实践视野中,主体既是认识的主体,更是实践的主体,客体不仅是认识的对象,更是实践的对象,人既创造着精神世界,又创造着物质世界。人自身及其对象都彰显着人的主体性,"对象如何对他来说成为他的对象,这取决于对象的性质以及与之相适应的本质力量的性质","因为我的对象只能是我的一种本质力量的确证……因为任何一个对象对我的意义都以我的感觉所及的程度为限"[1]。在马克思主义看来,认识层面的主体性要以实践层面的主体性为依归。

马克思认为人是历史性的存在物,人的主体性是历史的产物和过程。人的主体性的历史性表现可分为两个方面。

一是历史性的认识主体性。马克思认为意识一开始并不是"纯粹"的意识,意识最初与物质生产生活、现实语言交织在一起,思维是人们物质行动的直接产物,表现为纯粹动物式的狭隘意识,随着物质劳动和精神劳动的分离,意识才能摆脱世界而去构造"纯粹的"理论。意识从来就不是"纯粹"的,从根本上来说,意识终归是存在的理论呈现。"社会生活在本质上是实践的。凡是因理论导致神秘主义的神秘东西,都能在人的实践中以及对这个实践的理解中得到合理的解决"[2]。并且马克思主义强调,意识的一切形式和产物不是可以通过理论的批判来消灭的,变革终归仰仗于物质的力量。总之,意识是在实践中生成的,其从狭隘到"独立"的发展深深受制于实践的历史性变迁,被唯心主义所神化的意识的自足幻象由此被消解。

二是历史性的实践主体性。"个人怎样表现自己的生活,他们自己就是怎样。因此,他们是什么样的,这同他们的生产是一致的——既和他们生产什么一致,又和他们怎样生产一致。因

---

[1] 马克思恩格斯全集(第42卷)[M].北京:人民出版社,1979:125-126.
[2] 马克思恩格斯选集(第1卷)[M].北京:人民出版社,1995:67-68.

而,个人是什么样的,这取决于他们进行生产的物质条件"[1]。马克思指出,"自我意识通过自己的外化所能设定的只是物性,即只是抽象物、抽象的物,而不是现实物"[2],由此消解了先验意识主体的自足幻象。其主体与客体的统一,思维与存在的统一,只能流为先验主体的独断,是虚假的统一。

旧哲学家们先验地预设了人的主体性,主体性一方面是理性般的不容置疑、不容溯源、不可还原,一方面又缺失生成、迁变、超越的维度,主体性被标榜得无以复加即走向其反面,陷入宿命论的泥淖。

马克思之前的哲学关于主体性的思想及其存在的理论困境成为马克思主体性思想的理论生长点,在此基础上实现超越,并作为其哲学革命的重要组成部分与标志之一。

马克思主义关于人的主体性具体表现在以下几个方面。

其一,现实的人是马克思关于人的主体性的承载前提。回望传统哲学,人被看作是简单的、抽象的理性的人,重于单独强调人的理性和人的自我意识,而且人类进化发展的历史也被演化为精神活动的"杰作"。但在马克思主义之前,历史唯心主义一直占据着统治地位,认为历史是英雄人物创造的,主张所谓的英雄史观。恰如梁启超所描述的,"历史者舞台也,舍英雄几无历史",大人物"心理之动进稍易其轨,而全部历史可以改观"。这就是历史唯心史观的典型代表。

---

[1] 马克思恩格斯选集(第1卷)[M].北京:人民出版社,1995:60.
[2] 马克思恩格斯全集(第42卷)[M].北京:人民出版社,1979:166.

但区别于传统哲学,马克思将现实的人作为历史的出发点,也就是从事物质生产实践活动的人、现实的人。所谓"现实的人",既不是唯心主义视野下所认为的"唯灵论"的人,也不等于旧唯物主义所理解的自然人,马克思主义认为,人类的历史是由人创造的,人既是自然人,也是社会人,是自然性与社会性的合一,人类社会都是由人们的物质生产实践活动产生和创造的。

其二,实践是人的主体性的核心基石。马克思指出,实践是人类的存在方式,是人区别于人之外的其他物种的关键环节,也是人的主体性的集中体现。马克思主义认为,实践是物质制约性与自觉能动性相统一的合规律性与合目的性的内在一体的过程。一方面,实践不是天马行空、不食人间烟火的,实践内在包含着人与自然、人与人以及人与其意识的三重关系于一身。首先人直接的是自然存在物,自然界构成人的无机的身体,其次,社会化的人更受制于不同时代的社会关系,由此决定了人是受动的、受制约的和受限制的存在物,旧哲学所宣称的先验的意识主体性只不过是幻象罢了。另一方面,实践作为人的存在方式与众不同,马克思在《1844年经济学哲学手稿》中进行了比较,其他动物的生命存在是本能的、片面的,仅按照其所属物种的尺度生产,人则将自己的生命变作意志和意识的对象,高瞻远瞩、未雨绸缪,在对象性活动中实现人的尺度和物的尺度、真理尺度和价值尺度的合一,因而人的生命才是全面的、自由自觉的。实践作为将主观见之于客观的对象化活动,是合规律性基础上的合目的性的实现,以至达及美与自由的"游刃有余"之境界,是人的主体性的淋漓尽致的表现。由此可推断出:一方面,人的主体性是需要通过人的实践目的、计划、创造而体现,但是无论是人的计划或预见、创造都离不开人的内在动机的驱使。当人们按照计划去完成一些事情时，必然离不开背后的计划和动机，正是这些动机引导人们制定一系列计划。这就是人的主观能动性的展现。所以，人的目的性是有计划性和有意向性的，这种计划和意向从某种意义上说，就是人的生存和发展的方向，所以，人的意向性也能体现出人们的客观实在性。另一方面，人的主观能动性必须诉诸人们的客观实践活动，而非仅仅需要人的有意识、有目的、有计划等特性。人开展实践活动必须具有一定的物质生活条件和实践手段，这是从人的主观能动性转化为现实的意义上而言的，它与客观实在是相统一的。

但是，人的活动的目的性、计划性等也只是体现了人的意识活动的一部分，即主观能动性方面。此外不能忽视人的非理性现象，比如人的欲望等。尤其在人的行为实践中，更能体现出人的理性因素和非理性因素不仅在人们的意识活动中不可分割，同时在人们的实践活动中，二者也是无法分离。马克思认为人的本质是一切社会关系的总和，这也是人区别于动物的最本质特征。恩格斯曾指出，人与动物的最本质区别不仅仅是外部的自然界，因为动物仅仅是以自己的存在使自然界改变，而人是通过自身的能动性使自然界与人类相统一，使自然界为自己服务。马克思指出："人离开动物愈远，他们对自然界的作用就愈带有经过思考的、有计划的、向着一定的和事先知道的目标前进的特征。"[1]这种有目的、有计划的能动性体现，是在人的劳动过程中

---

[1] 马克思恩格斯全集(第20卷)[M].北京：人民出版社，1971：517.

伴随的肢体、语言、交往等日益发展基础上产生并完善的,它是社会的产物。

主体的自觉能动性展现是基于对象性的活动,一方面表现为实践主体把自身的本质力量诉诸客观对象的自由、自觉的创造性活动中,同时通过活动形成实践的产物和成果,以证明主体的存在,也是主体本质力量的确证。并且,人的本质力量正是主体在社会交往中能动地通过适应特定的生活方式,以及特定的语言和文化的浸润和熏陶,接受常规化、规范化的教育或训练而获得和强化。因此,正是在人的实践过程中,人的本质力量得以彰显。主体的自觉能动性也是人区别于其他生物的主要特征,因为人的能动性意味着人本身就不是完全受到外界或他人的制约而处于被动地位,并不会轻易听命于上天的安排,而是积极通过自身的自主性、自觉性、自为性等特性去改变社会和世界。

马克思关于人的主体能动性阐述,具体表现在以下几个方面。其一,主体之于客体的能动性反映的就是主体之于客体的自觉性。马克思指出:"动物和它的生命活动是直接同一的。动物不把自己同自己的生命活动直接区别开来,它就是这种生命活动。人则使自己的生命活动本身变成自己的意志和意识对象。他的生命活动是有意识的。这不是人与之直接融为一体的那种规定性。有意识的生命活动把人同动物的生命活动直接区别开来。"[①]人的意识既区别于动物的自我意识或主体意识,也是主

---

① 马克思恩格斯全集(第42卷)[M].北京:人民出版社,1979:96.

客体对象关系形成的基础前提。正是因为人的自觉能动性,将人从自然界和动物界分化出来,生成了人的主体与客体对象的关系。也正是因为人的自觉能动性,人才在实践活动中将主体和客体分离,开始有了将客体看作对象化的认识,将人与自身的关系变成主客体关系。

其二,主体能动性与主体的选择性相关联。作为主体的人,他的活动是自由选择的活动,无论是活动的目的、方式方法、活动具体内容等,都是自主能动的选择的结果,并且整个活动过程都是能动性的选择、参与、评价等的过程。由此可见,主体需要选择能反映人类目的的多样性、复杂性。人的活动是有意识、有目的的,但实践客体不同会影响主体目的的达成度。因此,人的每一次活动的具体细化的步骤都需要反复斟酌和考量,抓住其不同的侧重点和关键环节,即做到两利相权取其重,两害相权取其轻。这就是马克思所认为的人类活动的价值尺度问题。马克思提出了人的活动要根据"物的尺度"和人的"内在尺度"开展实践,也就是人类的实践活动既要根据"物种的尺度",还要根据人的"内在尺度",主要包括真理尺度和价值尺度,也就是实践活动既要根据符合人类社会发展规律的思想做指引,同时还要符合人的需求和目的。这就是马克思所言的人的活动的价值尺度。总而言之,马克思主义所阐述的关于人的实践尺度问题是"种的尺度"和"价值尺度"的行为选择问题。

马克思指出:"积极地活动,通过活动来取得一定的外界物,从而满足自己的需要。由于这一过程的重复,这些物能使人们'满足需要'这一属性,就铭记在他们的头脑中了,人和野兽也就学会'从理论上'把能满足他们需要的外界物同一切其他外界物区别开来。"①

其三,主体能动性体现在主体的创造性上。人类社会的物质生产实践活动(或是劳动)本身就是一种创造性活动,也是在人的全面自由发展中创造属于自己的生活。人作为具有能动性的高级动物,不仅能认识世界,还能创造世界。人的创造性也是人类能动性的核心体现。针对主体的选择和创造的区分而言,主体的选择是人在纷繁复杂的现实可能性中进行挑选,而主体的创造性是对现实的超越。因为人是具有更高需求和更高期待的高级动物,人不甘愿陷入一种固化的生活中,而是想追寻和创造,改变环境,超越现实,也就是创造崭新的客观世界和主观世界。其实很多周遭自然环境并非一直就存在,而是一代又一代的人类通过劳动创造出来的"人化自然",换言之,"人化自然"就是主体创造并对象化的人的本质力量。人就是"通过实践创造对象世界,即改造无机界,证明了人是有意识的类存在物"。②换言之,人不仅可以通过实践改造自然界,还可以通过实践创造人本身和人类的发展历史。人类就是通过劳动才成为区别于动物的人类社会的"主体",并且在多元的劳动中使自己与动物的差异越来越凸显,人类的主体性愈加突出和确定。"有了人,我们就开始有了历史。动物也有一部历史,即动物的起源和逐渐发展到今天这样的状态的历史。但是这部历史对它们来说,是被创造出来的,如果说他们自己也参与了创造,那也是无意识。相反地,人离

---

① 马克思恩格斯全集(第19卷)[M].北京:人民出版社,1963:405.
② 马克思恩格斯全集(第42卷)[M].北京:人民出版社,1979:96.

开狭义的动物态越远,就越是有意识地自己创造自己的历史"①。

此外,主体性也包括了人的自主性。因为人区别于动物的重要特征是人自主选择和自主判断的能力。若主体的能动性展现的是一个人的主体的能力,那自主性就代表着主体享有的权利。即人类在自己的劳动过程中,是自由自觉的主体而非依附的存在,主体在劳动中是完全占有自己的全面本质。

人的本质决定了人不仅有自主性,还有自为性,自为性是自主性的延伸。一个人只有有自主性才会成为自为的人。所谓"自为"其实就是"为自",但这里的"自"不仅仅是个人,还包括了集体、他人、团体、国家或整个人类。主体的自为性体现和贯穿于人类活动的始终,体现了人的活动的目的性存在。众所周知,人的活动都是有前期的计划和预期目标,后续的系列活动都是为了实现这一目的。马克思曾做过一个生动形象的比喻以表达人类和动物的本质区别。"蜘蛛的活动与织工的活动相似,蜜蜂建筑蜂房的本领使人间的许多建筑师感到惭愧。但是,最蹩脚的建筑师从一开始就比最灵巧的蜜蜂高明的地方,是他在用蜂蜡建筑蜂房以前,已经在自己的头脑中把它建成了。劳动过程结束时得到的结果,在这个过程开始时就已经在劳动者的表象中存在着,即已经观念地存在着。他不仅使自然物发生形式变化,同时他还在自然物中实现自己的目的,这个目的是他所知道的,是作为规律决定着他的活动方式和方法的,他必须使他的意志服从于这

---

① 马克思恩格斯全集(第3卷)[M].北京:人民出版社,1960:457.

个目的。"①从深层次理解,人从事某种活动的目的其实也是一个人满足个人某种需要的过程,这也恰恰是人之为人的本质属性。相较于动物就有本质上的差异,"动物只能按照它所属的那个种的尺度和需要来建造,而人却懂得按照任何一个种的尺度来进行生产,并懂得怎样处处都把内在的尺度运用到对象上去;因此,人也按美的规律来建造"②。

由上文关于人的主体性思考,可以总结出马克思主义关于人的主体能动性、自主性和自为性是相互关联和相统一的,只是三者具体表现为不同的层面,能动性主要体现人具有主体能动性,可以能动开展自由自觉的生产活动和创造性活动;自主性体现为主体具有的主体权利,即能自主选择内在和外界可以利用的因素进行运用或支配;自为性侧重于主体活动的目的和依据。只有将三者相结合,才能构成真正完整意义上的主体性。

2.马克思主义主体思想与德育

德育工作是人与人之间心灵交换的工作,是灵魂共鸣的工作,是推动一个人向着更好自我和实现更好的社会的重要精神动力。而马克思主义的德育思想是以人为中心的思想,是马克思主义关于人的主体论在教育领域的延伸。

基于对现实社会和现实个人的关注,是马克思主义人本思想生成的基础,也是马克思主义不同于以往其他关于人的本质看法的核心要素。但是过去对于人的本质理解存在片面性,未看

---

① 马克思恩格斯全集(第 23 卷)[M].北京:人民出版社,1972:202.
② 马克思恩格斯全集(第 42 卷)[M].北京:人民出版社,1979:97.

到人作为社会中活生生的一分子的主体性、能动性和独立性；未看到教育对象既是教育客体，同时也是教育主体的事实。受教育者是要通过接受教育使自身实现由内而外的改造；教育者体现主动性，对受教育者产生多方面的影响。由此可以总结出德育工作的规律，即在教育中一定要以人的方式把握人，任何以物的方式把握人的理念只能让教育走向预期的反面，最终导致人的机械化。

马克思眼中的人不是单一的存在，而是存在着无限可能性和丰富性。人的本质主要揭示的是人之为人的根本属性和依据，即人是有意识、有目的开展活动的。社会本质揭示了人的本质属性是社会关系的总和，人到底是什么样的是由其所处的或所接触的周遭社会关系所决定的。个性本质主要体现出人在社会性本质的规定之下所展现出来的个体差异的主体性。由此可见，人在实践过程中，人的本质内涵愈加完善，最终会呈现出愈加具有丰富性的总体的人。

但是，我们在现实的德育中仿佛并未认真思考马克思主义关于人的本质，并没有太多关注人与人之间的同质性和异质性，只是简单地照本宣科，把教科书上的内容告诉学生听，而漠视了学生真正的需求和接受能力。新时代的德育若依然无视个人的个性化发展和差异化需要，只能教育出一批没有情感和寄托，没有激情和热爱，没有兴趣和爱好等的单向度的人。因此，新时代德育工作开展要立足学生的具体实际，要尊重人、理解人，给予人足够的人文关怀以帮助到人。

因此，将马克思主义关于人的主体性理论运用到德育工作中就是一种以学生为中心的德育目标的实现前提。首先，学校要将德育置于主体地位,要将之前把教育关系界定为"主体与客体"的单项式灌输关系升级为"主导与主体"系统合作式的关系模式。这就要求德育教育者重新构建教师与学生之间的协同关系,要将学生视为活生生的、充满朝气和生机的独立主体,尊重学生的主体地位、尊严、人格,充分培养学生的"自为"能力,提升其自主性、主动性和创造性。

的确,以前的德育工作主要是以教师为主导或者主控全场的,学生始终是以被教育的客体身份存在,习以为常导致德育工作偏重知识灌输而忽略了学生的获得感和幸福感。今日的德育工作也同样存在教师为绝对主导,学生是被动的被教育者,忽视了学生的需求和新时代学生想要听到、想要参与、想要获得的东西,最终培养出一批个性缺失、情感单一、空虚迷茫、个性泯灭的学生。立足学生的实际和需求是未来德育需要思考和探索的问题。

人本德育坚持马克思主义关于人的全面发展的理想追求,始终将人的自由个性全面发展与幸福紧密衔接。自由个性全面发展的个人努力追寻"我之所是"的理想,不断塑造自我健全的人格,丰富自我的审美体验,增强自我的社会阅历,并"使自己的个性塑造凝聚着追求个人与社会之间的某种特定关系的意向,这种特定关系蕴含着人类的幸福和我们自身的完美"[1]。换言之,全面发展的理想追求又何尝不是在人的自由实践中寻求幸

---

[1] 孙迎光.马克思"完整的人"的思想对当代教育的启示[J].南京社会科学,2011(5).

福的真善美的状态。

在2023年中共中央国务院印发的《关于进一步加强和改进大学生思想政治教育的意见》中,也指出了大学的思想政治教育要坚持培养学生的理想信念,培育和弘扬民族精神以及培养学生的爱国情怀和创新精神等。总之,人本德育的主体思想、人文关怀、全面发展的理念都蕴藏了幸福的特质,为实现幸福价值提供了内源性动力。这也充分体现了马克思主义关于人的主体性理念的现实践行。

从上述对马克思主义关于人的主体性的探讨,我们可以将主体性德育归纳为:个体作为主导或参与道德实践的主体,遵循自身的意愿和想法做出的道德选择,自由自主地开展道德实践活动和提升自身的道德素质。主体性德育主要是培养人的思想道德素质和丰富其精神世界,最终以实现自己的全面发展为终极目标。

但当今的时代是数字化、网络化时代,科技的超高速发展给人们的生活带来翻天覆地的变化。与此伴随的是学生对物质的追求远远超越对精神层面的向往。学生不再思考我要成为什么样的一个人,而是我将来一定要拥有多少套房子、多少存款、多少豪车等,对物质的追求,甚至是沉浸于享受低端的生活模式。出现这种情况的原因根本上绝不是因为国家发展太快,而是学生在物质充盈的环境下忘却了去寻找自己的精神追求。那么人如何在困境中得以实现精神解放?人的内心真正需要的是什么?很多西方哲学流派对此提出了各种主义学说,他们想通过唤醒人的主体性,作为摆脱现代文明所产生的困境的路径。

科学技术的确给今日的教育提供了更多的便利,也调动了学生的积极性、主动性和创造性,凸显出人的主体性。但是科学技术是一把双刃剑,如何合理充分使用科学技术造福人类,而不是让科技发展带来无限的伦理风险,就需要进一步提升人们的素质。实践表明,只有对科学技术运用得当有度,才能真正发挥科学技术对促进人们思想道德素质提升的作用。因此,人永远是科技的创造者,也是主导者,应该在运用科技的实践中有一定的驾驭能力和调节能力,遵循社会发展的趋势和人的发展的规律,朝着正确的、合理的、正义的方向做出自己的努力。

马克思主义坚持实践是人的主体性的重要基础,主体性在人的实践过程中产生,也在实践中得到极大发展,而主体性的发展反过来又将人类的实践推向了一个新的高度。尤其在信息化时代,发展的智能化、生活的智慧化、教育的数字化等,并未对人的主体性有所削弱,反而是强化了人的实践活动的主体性。一方面,信息技术的出现和蓬勃崛起,提高了人的主体能动性。人利用更先进的生产和生活技术进行生活,反向促进人们要学习先进的科技手段和技术,更好地适应新科技浪潮下的生活,为主体素质的提升提供了良好的条件和环境。另一方面,在网络数字化的大背景下,网络和数字化不仅提升了人的主体性,更明确了在智能化时代科技发展与人类前途命运之间的伦理问题,提升人作为主体的自觉性。

科技的发展也伴随着人的不断进化,人在社会和国家中的作用越来越明显,人的主体性越来越突出。因此,新时代德育必须要贯彻落实以学生为本的教育理念,是教育的发展使然,也是时代的召唤。只有当人的主体意识显著增强,个人的个性发展乃至全面发展才能得以充分地彰显和实现时,才能在实践中充分发挥自己的主观能动性,不仅能实现自我的主体价值,还能挑起国家发展的重担,扛起肩上的责任。

德育其实是对一个人的内在思想、品德、品质、气质、习惯或行为的重新建构和叠加建构,帮助人们在建构的框架下去调整自身的价值观、行为动机、思考模式等。作为行为主体作用于客体的活动,德育既能回应国家、社会的发展需要,也能实现个人的价值。这个过程就是修德的过程,也是德育价值实现的过程。蔡元培先生曾言:"修德之道,先养良心。良心虽人所同,而汩于恶习,则其力不充。然苟非梏之殆尽,良心常有发现之时,如行善而慊,行恶而愧是也。乘其发现而扩充之,涵养之,则可为修德之基矣。"[1]德育就是修养德性、德行,包括对人类的道德、国家的道德、社会的道德和家庭的道德,这也是人生义务的重要体现。

主体性是新时代大环境下极其重要的观念之一,尤其是在国家经济飞速发展,网络化、数字化、智能化、虚拟化日趋普及化的今天,拥有一种完整的、健康的主体观念极其重要,不要让数字化时代遮蔽了自己应有的主观能动性。德育实践是有目标、有计划、自由自觉的以培养人的道德理论水平和实践能力为目的的教育活动,德育工作的有序开展,再加之国家对开展各阶段德育工作的要求,也能体现出人的发展的价值追寻和真正"成人"的终极目标。同时,德育实践的主体性培养大方向也更鲜明地凸

---

[1] 蔡元培,中国人的修养[M].中国长安出版社,2012:260.

显出来。

人的主观能动性是主体性的重要表现。人生漫漫，不可能每一个自己想实现的目标都能如愿以偿，但我们人类能用理想、精神斗志和行动去改变世界。人的主观能动性会受到思想的引导和影响，但是引导我们行为实践的思想有先进的，也有落后的，有积极的，也有消极的，有科学的，也有非科学的，这就会出现两难选择。但人所确立的发展方向只有和国家、社会的发展追求保持一致，才能在实现梦想的征途中获得党和国家、社会的大力支持和其他环境的锦上添花，才能把好实现理想的舵。因此，从本质上说，开展德育实践就是要发挥主体的能动作用，通过主体的道德选择，确立符合社会发展的行动，最终尽力改变客观存在的现存世界，实现自我的自由全面发展。

总而言之，德育工作是以提升人的道德品行和道德实践为目标的活动。它的出发点不是抽象的人，而是具体的、活生生的、现实的人。其落脚点是提升教育对象的思想品德和修养。德育工作的本质就是用先进的文化思想、道德思想、美学思想等塑造、开发、完善人的主体性。

第五章　人本德育与幸福价值的关联

人本德育作为一种当代德育的新型模式，努力超越日渐实在的教育，超越现象世界的教育，不断追求教育的本真，即始终秉持人本理念，将浓浓的人性关怀融入整个德育过程，不断促进人的德性发展，培养具有现代道德智慧的人。可见，人本德育的根本指向乃是个体生命存在的尊严与幸福。幸福是人生活的终极价值追求，同样也是人本德育的终极目标，不向往幸福的人本德育都是功利的、空洞的、与生活脱节的。

一、人本德育的意蕴

人本德育是基于对以奴化为目的的古代德育和以教育者施教为主导的近代德育的批判基础上提出来的。它否定了古代德育的等级森严和绝对服从以及近代德育的"学生客体说"，提出"以人为本"的教育理念。人本德育充分重视学生在德育中的主体地位,充分发挥学生的自主性,其意蕴具体表现在以下几个方面。

(一)"知性化"超越与"生活化"建构的统一

教育是"成人"的活动,而人是"理性存在与非理性存在、言说的存在与缄默的存在的统一,是包含了肉体与灵魂、情感与理智、道德与欲望、思维和感知[①]等各方面的具体的、活生生的、完整的人。无论人的存在有多么丰富,道德或德性都是一个坚固的支撑,道德或德性缺乏的人都不是真正意义上的人。知性德育强调道德知识和道德认知,在工业社会和科学主义背景下有其积极的推动意义,然而它塑造的是"知识人"而非"生活人",即用道德知识的传授与习得和道德判断能力的发展代替真正意义上的道德教育,抹杀了人首先是作为生活者而存在的。正所谓为了知识,人忘却了自己,忘却了生活,乃至牺牲了自己和自己的生活。

生活德育的建构是在保留知性德育合理成分基础上的超越,它是基于"人是完整的道德存在"这一理论前提,认为"人的完整存在就是他们实际的生活过程"[②]。德育源于生活,高于生活,"没有生活做中心的教育是死教育;没有生活做中心的学校是死学校;没有生活做中心的书本是死书本"[③]。以此我们认为,

---

[①] 项贤明.《泛教育论——广义教育学的初步探索》[M].山西教育出版社,2000:536.
[②] 马克思恩格斯全集(第1卷)[M].北京:人民出版社,1979:30.
[③] 陶行知.生活即德育[M].东方出版社,1996:150.

没有生活的德育同样是"死德育"。人的生活是寻求意义的生活,对意义的追寻意味着对现实的、既定性的突破,回归于人的真实存在,可以说,人本德育的目的不在德育,而在生活。知识原本是人们用以生活的手段,善而美的生活本身才是目的。

(二)"主体间性"与"主体性"的统一

人本德育中教师和学生之间关系的建构遵循"主体间性"原则。"主体间性即强调主体和主体之间的内在相关性和统一性,是主体之间在语言和行动上相互平等、相互理解和融合,双向互动的一种关系"[1]。在具体的人本德育实践中,坚持从学生本位出发,以学生的需要为出发点,以学生自身的发展为根本目的和归宿。既充分发挥教师在教学中的引领和指导作用,又根据学生主体的发展状况、目标、任务等具体因素,来设计和确定教师和学生主体互动的最优方案。可见,人本德育所遵循的主体间性原则是以主体和主体之间达成共识、理解、融合、和谐为最终目的。

主体间性是对主体性的辩证否定和积极的扬弃,但"离开主体性的主体间性,因没有现实性基础而成为空虚"[2]。主体性是在具体的对象化教学活动中,学生表现出来的以自我为中心的能动性、主动性、创造性等个体性特征。人本德育尽显"人本"之珍贵,突出学生主体之用,给予学生更多自我教育的空间,让学

---

[1] 于光.德育主体论[M].北京:中国社会科学出版社,2010:177.
[2] 彭未名.交往德育论[M].太原:山西教育出版社,2005:54.

生学会自我反省、自我教育、自我成长。

(三)"解惑传道"与"情感关怀"的统一

《师说》曰:"师者,所以传道授业解惑也。"一名教师的职责首先必须做到"传道、授业、解惑",其中"传道"要求教师言传身教,传授知识的同时培养学生的人格品质;"授业"即传授基本知识和技能;"解惑",顾名思义为有效帮助学生解决心中的疑惑。但现代的教育观认为,教育的根本目的是促进学生的全面发展,人本德育要达到的是"知、情、意、行"的整合,而不仅仅是认知的发展。在布鲁姆的教育目标分类中,情感领域也成为与认知、技能相并列的三个领域之一,可见道德情感的培养在德育中的分量。

情感关怀作为人文关怀的一个方面,始终追求一种"应然"的理想,创造种种"可能"的生活。它关注生命本身的尊严、意义和价值,尤其注重对人的精神信念、道德人格的培养,对人在精神上施予终极关怀。情感关怀能给予学生知识海洋之外的一片精神净土,丰富学生的思想情感和道德情感,实现心灵的完善。

(四)"学会学习"与"学会关心"的统一

学校教育要教会学生学习,培养其学习能力,这是无可非议的,过去是这样,现在是这样,以后也是这样。只要学校存在,就离不开各种知识的学习。人本德育也一样,学生需要养成良好的学习习惯和学习态度,找到自己的学习兴趣、学习方法和学习动力。然而受应试教育的影响,学校开始把注意力完全集中在学生的成绩上,坚持"唯分数论英雄",使德育原本作为一门道德修养类课程,也开始异化为一门纯知识类课程,不免抛弃了人本德育的灵魂。

学会学习固然重要,但并非人本德育的全部,学会关心已成为人本德育的重要任务。在1989年教科文组织发布的《学会关心:21世纪的教育》就已经将"学会关心"纳入教育,成为教育的指向标。在内尔·诺丁斯看来,学会关心,并没有否定对于学习的关注,只是在学习的基础上,我们应关心自己是否认识到自身的潜力,是否学会了同学间互相帮助,是否学会了承担责任与义务。当然除此之外,关心的范围小到"关心自我,关心身边人,关心陌生人和远离自己的人"[1],大到关心整个人类世界,关心宇宙。从学会学习到学会关心的转变,意味着人本德育把更多视线转向了人,主要解决人对人的理解、关心和合作问题,关注的是人们的生活质量以及人们对美好生活的创造。

人本德育的"四个统一"体现了它在教育理念、教育关系、教育内容及教育目标等方面的独特性和人本性,幸福价值的实现也正是建立在人本德育的"四个统一"基础上具体展开的。

---

[1] 内尔·诺丁斯.学会关心:教育的另一种模式[M].教育科学出版社,2011:179.

二、幸福及幸福价值的含义

(一)幸福的含义

有人说,谁要想难倒一个伦理学家,最简单、最有效的办法就是问他:幸福是什么?一百个人将会给你一百种不同的回答。德性伦理的倡导者亚里士多德从德性角度定义幸福,他认为幸福就在于拥有好的德性,这种德性"既使得一个人好又使得他出色地完成他的活动的品质"[①]。义务论伦理学的代表人物康德关注德福相配也就是至善问题,但他认为德行与幸福在至善中地位不同,德行是第一位的,幸福是第二位的。良好的德行是配享幸福的前提,德行越大,就配享更高的幸福。西方系统的功利主义学说的创始人杰利米·边沁坚持趋乐避苦的功利主义幸福观,认为"任何一种行为只要是增加了快乐,减少了痛苦,就是幸福的"[②]。但在现实生活中,一些能给人们带来快乐的行为,并不一定是合乎道德的,也并不一定是善的。中国学者赵汀阳站在可能生活的视角,认为幸福就是人们追求的一种可能生活。"幸福的

[①] 亚里士多德,廖申白译.尼各马可伦理学[M].北京:商务印书馆,2003:19.

[②] 冯俊科.西方幸福论——从梭伦到费尔巴哈[M].北京:中华书局,2011:335.

》论人本德育的幸福价值追求

一个关键点就在于幸福不能仅仅通过好的结果来定义,而且还必须由美好的行动过程来定义,也就是在这一行动本身中去创造幸福"[1]。笔者认为,要理解幸福,应该从以下三个相互联系的方面着手。

1."形下的满足"与"形上的追求"的统一

形而下者谓之器,形而上者谓之道,"器"与"道"的统一体现在幸福观中即主客观的统一。"器"主要是指世俗意义上的幸福,即生理性需要和肉体的欲望达到满足的状态,这是实现幸福的基础和前提,没有世俗上的享受,幸福只能是空洞的、漂浮的。因为幸福体验必然要以客观的物质环境为条件,对形上之"道"的追求也不能忽略"器"之功用。

"然而形下的满足只能浮现在脑际,而不能深入人心"[2],因为人不仅是事实性存在,更是精神性存在。幸福的形上追求就是要超越于纯粹的世俗层面而敞开精神境界的体悟,乃至个体生命完整的方向,包括人际幸福和精神幸福。人际幸福是在人际交往中获得的归属与爱的满足、尊严与人格的维护;精神幸福涉及人的幸福认知和审美享受。这些形上之"道"都使幸福坚守人的内心,皈依人的灵魂。

2."个体自身的愉悦感"与"伦理道德的约束"的统一

"幸福首先是一种主观的心理体验"[3],他者无法体会和剥夺。每当一个人的某种企求或者欲望得到满足的时候,内心的愉

---

[1] 赵汀阳.论可能生活[M].北京:中国人民大学出版社,2010:145.
[2] 陈根法,吴仁杰.幸福论[M].上海:上海人民出版社,1988:170.
[3] 刘次林."幸福教育"的100种观点[J].校长阅刊,2006(09).

98

悦感会使一个人感到幸福,这是一种最自然、最本能的反应。就像有学者指出的"幸福的获得虽要以一定的外界条件为基础,但更重要的是人自己的感受性和生活态度"[①]。可见,每个人作为独特的个体,都有着创造和体验幸福愉悦感的权利。

虽然每一个人都有着追求快乐的动机,但幸福绝不仅仅是个体自身的感官体验。人是社会性的动物,他的任何创造性活动,必然会与社会,甚至整个人类相联系。由于每一个创造快乐的行为并不一定是合乎道德的,也不一定是善的,因此,每个个体在享受这份愉悦感的同时,又不得不把私人化的快乐限定在社会伦理道德的范畴之内。将愉悦感的满足限定在伦理道德范畴之内,是对幸福的健康性和持久性的重要保障,也是实现个体幸福和社会幸福相统一的基础。

3."静态中永恒"与"过程中创造"的统一

"幸福是人们在一定的物质生活和精神生活中出于感受和意识到自己预定的目标和理想的实现或接近而引起的一种内心的满足"[②]。可见,幸福是人们真真切切感受到的实存状态,是静态的,但在无形的静止中蕴藏着永恒,幸福正是在追逐理想过程中以纯粹意义的方式被保存积累,成为一个人生活世界中抹不掉的一层意义。

幸福又是动态的,人类不是苦苦地等待遥远的幸福,而是在行动本身中去创造幸福。在赵汀阳看来,创造幸福的活动是自成

---

① 陈根法,吴仁杰.幸福论[M].上海:上海人民出版社,1988:170.
② 罗国杰.马克思主义伦理学[M].北京:新华出版社,1982.

目的性的,无论这一行动所指向的结果是否能够达到,这一行动本身就足以使人幸福。或者说,"这一行动必须使该行为'内在地'成为有价值的事情,同时使该行动所指向的那个结果成为令人惊喜的额外收获"[①]。

虽然幸福是三个方面的有机统一,但从人本德育所要追求的幸福境界来看,我们应坚持"形上追求"对"形下满足"的超越;"遵循伦理道德"对"享受个体愉悦"的超越;"过程中创造"对"即时性满足"的超越。当然笔者所提炼的幸福观是建立在马克思主义幸福观基础之上,秉持幸福的精神性、奉献性和社会性,使幸福由感性直观上升到理性实践的高度。

(二)幸福价值的层级

幸福价值也即幸福功能,人本德育的幸福价值与马斯洛的需要层次理论一样,也具有不同的层级,不同的层级可以展现出人本德育追求幸福的终极状态,即个体生命存在的完满和个体价值的实现。

1.幸福感——情绪与情感的积极体验

"体验"从心理学层面讲就意味着用心去触摸生活。"最直接、最接近表达幸福的意义涉及情感和情绪,如像快乐和愉快那样的感情。快乐不能等同于幸福,但没有快乐的感情,就无从产生幸福。快乐和愉快是幸福的感情,是幸福的感情基础"[②]。因

---

① 赵汀阳.论可能生活[M].北京:中国人民大学出版社,2010:147.
② [英]丹尼尔·列托,胡燕平译.追究幸福——微笑中的科学[M].重庆:重庆出版社,2010:4.

此,幸福是一种积极的心理体验,是当一个人的学习、工作或爱情等达到自己的理想状态时,在情绪和情感上自发产生的愉悦和幸福。这是第一层级的幸福价值。

2.幸福观——需要和满足的认知平衡

幸福不仅是一种主观感受,也是"人与周遭环境的一种平衡状态"[①],但这种平衡不仅是需要和满足在客观上的一致,更意味着要在认知上达到平衡。幸福不是过分地贪婪,不是向自然界、向人类社会无休止地索取,而应做到适可而止,知足为乐。所以不偏不倚、践行中庸才是幸福之道。这是第二层级的幸福价值。

3.幸福力——自我潜力的表达和体现

幸福力是幸福的最高境界。亚里士多德认为,幸福的价值就是"'优秀地'实现人的功能,就是要达到人之性",人之性即人的全面发展之本性。在马斯洛看来,人的最高需要是自我实现的需要,如果将物质的满足、获得他人的认可和尊重看作是人的外在性需要的话,自我实现则是人的内源性需要,两者并不矛盾,而是统一于人的实践过程。外在需要的满足,增强了自我生命存在的统一性与和谐性,从而更有利于实现生命存在的完满和状态的美好,这才是幸福的最高点。

---

① 刘次林."幸福教育"的100种观点[J].校长阅刊,2006(09).

三、人本德育的幸福特质

人本德育把"人"作为教育的根本点,围绕"人"的整个生活展开教育实践活动。在这个过程中,人始终占据主体地位,担当着幸福的舵手,又作为被关怀的对象,补充着幸福的燃料,并在自主自由的发展中,把握着幸福的方向。因此,人本德育的幸福特质主要体现在以下三个方面。

(一)学生主体的人本理念创造幸福载体

"以生为本"的德育之理论前提是"以人为本"的道德。就道德的产生而言,道德并不是上帝创造的神秘产物,也不是先验地存在于每一个人身上的本能,而是人在实践过程中,为了满足自己的生活需求而自主选择和创造的;从道德产生的目的看,道德是使人生活得更好,而非外在于人的其他目的;就道德的存在方式看,道德真正作用的发挥离不开人的内在自觉,因此,道德是人为的、为人的、由人的。正是道德的人本特质,决定了将"以生为本"理念融入德育中的合理性。

"以人为本"既是一切社会历史活动的指导原则,也是教育活动的理念和指导原则。马克思早在其经典文本中,就以"对人的生活状况的关注,对人的尊严和符合人性的生活条件的肯定和对人类的解放和自由的追求"来弘扬人本精神,这是对当今人本德育的强有力指引。以学生为主体的人本理念真正把人置于教育的本体地位,其核心是"提升学生作为人的主体性,唤起学生的主体意识"[1],从尊重人、理解人、完善人到发展人,关注学生的生活意义和生命价值。这就意味着关注学生全面发展这一终极价值目标,即"人以一种全面的方式,把自己的全面本质据为己有,成为开阔的人"[2]。因此,以学生为主体的人本德育就是要帮助个体超越自身的狭隘性,以获得心灵之成长、人格之健全、生活之完满。

以学生为本,将学生的幸福作为教育的旨归,本身就已经把学生视为幸福的拥有者、体验者和享受者。学生在教育过程中拥有着自主、自为的幸福主体地位,体验着被尊重、被关心、被鼓舞的幸福感动,享受着人人平等、师生和谐、生生互助的幸福氛围。然而学生作为幸福的载体,并不等于将幸福个体本位化、私人化,因为幸福是个人幸福和社会幸福的统一,社会的幸福终究是每一个个体幸福的完美融合。总之,以学生为主体进行的人本德育,不仅是要让学生在教育中享受被关怀的幸福,还要教育学生成为拥有幸福能力的"幸福人",去传递幸福,让更多人成为幸福的主体。

(二)人文关怀的情感纽带蕴藏幸福因子

"人文"一词最早见于《周易》:"观乎人文,以化成天下。"其

---

[1] 袁本新、王丽荣.人本德育论[M].人民出版社,2007:294.
[2] 马克思.1844年经济学哲学手稿[M].人民出版社,1979:77.

论人本德育的幸福价值追求

中"人文化成"的目标就是当今人文关怀的初始蕴意。所谓人文关怀,是指"对人以及对整个人类生存与发展状态的关注。它不仅包括对人与人类生命的存在本身的关怀,还包括对权利的尊重、人格的完善、价值的追求、理想的实现等发展问题的关注"①。人文关怀是对人的解放与自由的肯定,是对人自身尊严与命运的宣誓,也是对人类幸福生活的不断追寻。

人本德育作为一种"培养人、塑造人、转换人、发展人、完善人的活动,体现着浓郁而深刻的人文精神,其在本质上就是一种人文关怀"②。冯建军认为"在教育交往中的人文关怀主要体现在对话、理解和共享,而在教育情感交流中的人文关怀主要体现在尊重、激励、体验和宽容"③。可见,人文关怀在不同的教育视角下有着不同的含义,但笔者认为,在人本德育中,人文关怀主要体现在三个方面:凝望"尊重"、倾听"理解"、尽心"承认"。

首先,尊重是人的需要和本性追求,是生活幸福的动力。它意味着尊重人在教育中的主体地位,尊重人的个性和创造性,尊重每位学生的自我价值;它承载着唤醒人对自身无限潜能的自觉意识,培养其合理的思维方式、实践方式和生活方式的重要使命。因此尊重的德育开启了真善美相统一的德育境界;尊重的德育催生了教育爱的回归;尊重的德育唤起了人本价值的心声。其次,理解是人的认识方式,更是幸福的存在方式。人本德育是人

---

① 刘顺厚.高校学生思想政治教育应注重人文关怀[J].中国青年政治学院学报,2008(2).

② 王东莉.德育人文关怀论[M].中国社会科学出版社,2005:65-68.

③ 冯建军.生命与教育[M].北京:教育科学出版社,2004:183.

的理解的存在,没有理解,德育就会沦为主客体式控制与被控制的世界。因此,充满理解的德育意味着唤醒人的灵魂、构建人的精神;"意味着一棵树摇动另一棵树,一朵云推动另一朵云,一个灵魂唤醒另一个灵魂"[1]。最后,承认是对个体差异的关照,对教育公平的塑造,没有承认,就无所谓个体幸福习惯的养成。因此,人本德育中的人文关怀不仅蕴藏着实现学生幸福的"元素",也创造着通往幸福的实践形式。

(三)全面发展的理想追求饱含幸福动力

马克思在关于共产主义社会的理想追寻中,人的全面发展是其宏伟的人学命题。其中强调了全体社会成员多方面地、充分自由地、协调地发展。人的全面发展思想立足于人,要求"人以一种全面的方式,占有自己的全面本质"[2],这里包括了人的需要的满足,能力的提高,社会关系的丰富,自由个性的发展,以及"人的各种感觉、情绪、情感在内的一切特性的解放"[3]。因此,在马克思的全面发展思想中,隐隐蕴藏着一个核心前提,即人的自由特性,自由是全面本质占有的基础,因此,实现人幸福的动力首先在于摆脱和消除那些束缚人性的异化势力。

马克思站在自由的角度批判和否定了资本主义的异化劳动。异化劳动是人"自我牺牲,自我折磨的劳动","劳动者在自

---

[1] 雅斯贝尔斯著,邹进译.什么是教育[M].北京:三联书店,1991.
[2] 马克思恩格斯全集(第1卷)[M].北京:人民出版社,1979:123.
[3] 尤晓阳.以人为本:马克思主义人学思想的当代演绎[J].重庆师范大学学报(哲学社会科学版),2005(2).

己的劳动过程中并不肯定自己,而是否定自己,并不感到幸福,而是感到不幸,并不是自由地发挥自己的肉体力量和精神力量,而是使自己的肉体受到损伤、精神遭到摧残"[1]。在异化劳动的情况下,人不再是自主自由的人,失去了自我存在的价值,当人不再占有自己自由自主活动的本质,当人的价值不能体现,人就不可能幸福,因为自由是幸福的必要条件。

---

[1] 马克思.1844年经济学哲学手稿[M].北京:人民出版社,1979:47.

第六章 人本德育追求幸福价值之前提

人本德育的幸福价值,换言之即幸福功能。人在社会中生活,人本德育的功能也应该体现在个人、社会和生活三个方面。就人本德育的社会功能而言,主要体现在营造正义和谐的社会氛围;在个体功能方面,即追寻个体意义的实现;就人本德育与生活的关系而言,主要就是幸福功能,幸福是人生活之根本。从这个意义上说,正义的社会和个体意义的实现都是为幸福这一根本而服务的。因此,人本德育的正义功能和意义功能都是幸福功能实现的前提。

一、社会前提:在秉持正义的理念中实现社会和谐

人与社会是不可分离的,由于在不同的社会中,人的感受性和获得感是完全不同的,因此,人们要追求一个以人为本、尊重正义的和谐社会。古往今来,对正义的探寻从未停止。在古希腊

时代的亚里士多德眼中,"公正常常被看作德性之首"[1],比星辰更让人崇敬;近代以来,不同的思想家从制度角度阐述公正,亚当斯密认为"正义"就像社会大厦的支柱,它一旦松动,再雄伟的建筑都可能在顷刻间土崩瓦解。可见正义在社会整体结构中的中流砥柱作用。进入现代社会,正义仿佛从一种制度性的东西转变为人内心坚守的一种价值、观念和美德。人本德育的社会价值主要表现在倡导和弘扬一种正义的理念,培育正义、和谐、自由的氛围。

(一)传递民主精神——培养和建构民主的生活方式

对于民主,萨托利说过:"有多少个民主国家,就有多少种民主实践。"结合我国的民主探索,民主包括两种形态:一方面,民主可以看作是一种政体形式。在民主政体的国家,其核心就在于"主权在民",它强调公民的权利之实现,鼓励给予公民在国家政治事务中应有的尊严和地位。我国作为人民民主专政的国家,始终坚持"公民乃国家之公民""国家乃公民之国家",将国家与公民放在了相对平衡的位置,使公民在国家、社会中获得了平等的机会。民主政体国家实施民主政治,"民主政治是选举政治,民主政治是参与政治,民主政治是法治政治,民主政治是宽容的自由政治,民主政治是一种有限的权力"[2],无论是哪一种政治形式,都体现着国家政治生活的体制化和人性化。人本德育对于培育

---

[1] 亚里士多德.尼各马可伦理学[M].北京:商务印书馆,2003:130.
[2] 俞可平.政治与政治学[M].北京:社会科学文献出版社,2005:46-47.

具有民主意识的公民发挥着重要作用。

民主的第二种形态即民主的生活方式,这也是人本德育作用发挥更突出的一个方面。按照托克维尔的理解,"民主意味着从政治、法律和社会构成,到思想、情感、心态以至学术活动方式等一切领域所发生的一种深刻变化"①。可见,民主精神已经渗入到社会生活的各个方面,开始影响着人们看待社会的视角,面对问题的心态,处理人与人、人与社会之间关系的方式。当然,民主的生活方式离不开民主的教育,这种教育体现着公共性格、理解平等、宽容精神。因此,人本德育和民主的生活方式形成良性的循环,使每个人在行为过程中,摈弃暴力、强制和压迫,而代之以协商、对话、沟通。当民主的精神真正融入每个人内心时,离幸福也就不远了。

(二)弘扬人权观念——尊重和保障个人的权利和尊严

"人权"作为普遍的政治概念,最早是由17、18世纪的思想家提出来的,具有反封建、反专制、反神权的时代背景。西方资产阶级为了与封建势力彻底决裂,解除人身依附关系,以洛克为代表的资产阶级思想家,打出了"天赋人权"的旗号,"人类天生是自由、平等和独立的",这些思想随着美国的"独立宣言"和法国大革命而得到广泛传播,成为众多国家的治国理念。而我国在中共十五大、十六大上就已明确提出了"尊重和保障人权",并于

---

① 托克维尔.论美国的民主(上)[M].北京:商务印书馆,1988:9.

论人本德育的幸福价值追求

2004年被庄严地载入宪法,成为国家的根本准则。人本德育作为弘扬人性、提倡自由的教育,理应在传播人权理念方面作出重要贡献。

人本德育宣扬的人权观念应该是辩证唯物的人权观,即马克思主义的人权观。人类解放是马克思人权理论的灵魂和目标,是超越资产阶级利己主义的真正解放。马克思认为,"任何一种解放都是把人的世界和人的关系还给自己"[1],都是把人的权利还给人自身。人权既不是天赋的、与生俱来的,也不是抽象的、超阶级的,而是在反独裁、反专制的斗争中授予每一位个体的诸如自由、平等、财产、尊严等具体的、真实的权利,无产阶级国家从制度、法律和物质上为实现人权提供了保障。人权的弘扬也推动了人类解放的进程。

人权最根本的价值就在于它维护着个体神圣而不可侵犯的基本权利,在于将人作为基本关注点,将人的生命神圣不可侵犯这一普遍的价值体系作为基础。保障人权应该内化为每一个个体内心坚守的法则,正确行使和维护自己应有的权利,以人权的方式反对任何破坏性行为,使社会充满正义和关切。人本德育培养人们正确的人权观念,明确自己的权利主体地位,不仅有助于促进公正、宽容和尊严,还有助于个体在行使权利的过程中拥有幸福的体验。

---

[1] 马克思恩格斯全集(第4卷)[M].北京:人民出版社,1979:370.

(三)践行公共理性——保证个体权益下的公共利益实现

公共理性最早是在康德的《何以启蒙》一文中提出来的,他认为"唯有它(公共理性)才能带来人类的启蒙",并指出理智、公开、理性共同构成公共理性。罗尔斯认为公共理性是民主国家的一个基本特征,"是共享平等公民身份的人的理性,这种理性的目标所指是'公共善'"[1],其核心是公共性。公共理性是公民的理性,是那些共同享有平等公民身份的人对公共事务进行充分合作,以产生公共的、可以预期的共治效果的能力。它所涉及的每一个基本原则、价值观和利益都直接关系到每个成员的生存和成长。因此,公共理性在将公共利益作为最终归宿的同时,也在努力寻求作为公的公共利益和作为私的个人利益之间的统一和平衡。

然而公共理性更强调公共利益而非个人利益,公共理性的公共性在逻辑上体现为公共的推理,在内容上体现为公共接受的理由。因此公共理性并不是将自我的观点凌驾于他人之上,也不是淹没自己的主见而趋炎附势,它强调每个人以平等的公民身份,站在主体间性的立场,集思广益,互动协商,以达成符合公共利益的决策,这样就实现了个体利益和公共利益的有效统一。人本德育应鼓励学生树立公共意识,在处理个人与社会的关系

---

[1] [法]贡斯当著,阎克文等译.古代人的自由与现代人的自由:贡斯当政治论文选[M].上海:上海人民出版社,2005.

上,以大局为先,关注社会幸福,而非仅仅个体层面的幸福。

人本德育虽然并不直接对社会的制度和结构发挥作用,但它所宣扬的民主、自由、人权、共识等和谐理念,对于社会价值体系的重构和完善,对于幸福生活的形成具有关键作用。

总之,民主精神是引领、人权观念是保证、公共理性是方向。人本德育通过民主精神的贯穿,通过每个人内心权利观念的不断增强,引导社会成员的行为不脱离道德的轨道,不触碰法律的底线,进而创造和谐、幸福的社会。

二、个人前提:在追寻个体的意义中实现主体价值

追寻个体的意义即对自己整体的生命存在和价值的理解和反思。对意义的追寻是个体内心持久不变的需求,是个体生命的基本特征。赫舍尔指出,人的生存不能脱离意义而存在,即使意义对于个体来说具有建设性和破坏性之分,但只有对意义的关注,方能彰显生命的价值。因为"人不会满足于生命支配的本能的生活,总要利用这种自然的生命去创造生活的价值和意义。人之为'人'的本质,应该说就是一种意义性的存在、价值性的实体。人的生存和生活如果失去了意义的指导,成为'无意义的存在',那就与动物的生存没有两样,这是人们不堪忍受的"[1]。人本德育打破了单向度的、唯知识主义的、无视心灵和意义的教

---

[1] 高清海.人就是"人"[M].沈阳:辽宁人民出版社,2001:213.

育,开启对人全面的、人性的教育模式,这种模式追求的是"智德双修"的"目的理性"和"工具理性"的兼容,使学生能够更多地从主体的内在意识中去寻求外在世界和人生的终极意义。

(一)人性化:塑造和培养完满的人性

马克思在《政治经济学批判》中指出:"人双重地存在着,主观上作为他自身而存在着,客观上又存在于自己生存的这些自然无机条件之中。"客观性是人的一种对象性存在,是依存于他物而获得价值,这是人的实然存在状态;主观上人作为主体,是一种超越性存在,为实现生命的价值、为生活的意义而存在,这时的人是为自身而存在的存在物,这是人的应然存在状态。作为实然与应然的统一,人总要不断突破种种现实的给定性,实现自己所追寻的自我发展和自我确证,这才是人之为人的根本。

人性化作为一种应然性追求,是教育对人性的适应和改善,是客体对主体需要的满足。它首先表现为尊重人、理解人和信任人,使人成其为人。包括确立以人为本、尊重人性的教育理念以及创造人性化的德育环境。前者要求教师要确立学生的主体地位,在实践过程中始终以关怀为底蕴,以尊重为格调;后者是要从为人、利人的角度设计环境,使人在充满浓浓人文气息的环境中提升自己的精神境界。人本德育使人建构有追求、有理想、有创造、有超越、有意义的世界,有终极性的关怀;它还引导人,使得人的种种属性得以萌发、形成、伸张和发展,正是人本德育的人性化追求,使人成为真正的人。

人性化还表现为培养具有完满人性的人,这是满足人自身发展的需求，也是人本德育站在人的立场，注重价值主体的培养。这并不等于忽视道德知识的学习，而是将知识之外的有利于个人完满的东西都统合于价值的意义关照中。因此，人本德育除了对学生进行知识传授和思维培养，更重要的是对其情感、意志的培养，这样才能突破传统教育狭隘、片面的理念，突出人本德育兼顾追求知识真理和锻造人格的双重使命，培养人性丰满的人。正如联合国教科文组织发布的《学会生存》中指出的："人类发展的目的在于使人日臻完善，使他的人格丰富多彩，表达方式复杂多样；使他作为一个人，作为一个家庭和社会的人，作为一个公民和生产者、技术发明者和有创造性的理想家，来承担不同的责任。"

（二）个性化：尊重和发展独特的个性

如果说人性化强调的是教育的全面发展特性，那么个性化则侧重于个体独特性的培养。世界上没有两片完全相同的树叶，每一个个体都以其独特的方式表达自己，"人在任何时候都不是同一个人。人们不能通过诸如分类这样的活动来发现个体性；个体性是某种完全有生命的、具体的、肯定的东西，反之就是从个体性本身而来的一般抽象"[①]。因此，人本德育不仅要遵循人的本性，以学生自我发展和完善为出发点，还要尊重个体的差异性，因材施教，根据每个人的切实境况，挖掘其自身独特的闪光

[①] 曼弗雷德·弗兰克.个体的不可消失性[M].北京：华夏出版社，2001：152.

点,并充分发挥其潜能,使每个人都获得其应有的发展和进步。

个性化教育是对划一性教育的否定,它尊重个体的独特性和差异性,也就是教育对学生的尊重不仅体现在道德和人格上,还体现在尊重每位学生的生命独特性。个性化的人本德育关键有两个方面:首先是对个性的尊重。"人"既然作为人本德育的出发点和归宿,所以在教育过程中关注人的整体存在时,还必须认识到每一个个体的存在是一种个性的存在,尊重人归根到底是对个体个性的尊重,是在平等博爱的基础上对个体人格的尊重。其次是对个体需要的满足。从心理学角度看,需要是有机体内部的一种不平衡状态,表现为有机体对内外环境条件的欲求。需要是动机产生的基础,是个体发展的动力。因此人本德育理应成为尊重个体需要的教育,让教育的每一个音调都能符合个性健康发展的方向,每一个音符都能唱出学生追寻幸福的心声。

(三)创造性:相信并激发强大的潜能

从心理学角度讲,创造性是由智力、思维方式和人格三维构建的"统一力",而创造性人格在其中扮演着重要的角色,因为它调节和控制着人的智力导入活动。因此笔者认为,创造性是创造性能力和创造性人格互动的结果,是一种综合而高贵的心理品质。

创造性是人性化和个性化的实质性延伸,也是人性化和个性化的终极发展方向,因为人的自由本性必然要落实为人的创造性。应当承认,创造性是人所普遍具有的潜能。人本主义心理学家马斯洛指出,它"极可能是一种每一个人都有的遗传素质。

它是一种共同的和普遍的东西"[1]。它的价值就在于打破自我常规思维,摆脱自身肉体的束缚,使自己的生命获得开放和应然的状态。然而作为一种潜在的可能,在现实的人身上"它确实会丧失,或被掩盖,或被歪曲,或被抑制,或受到任何可能的阻碍"[2]。当今人们所批判的应试教育,正是这种脱离了创新、创造的单纯的知识传递,使得原本生动活泼、充满生命精神的学习过程变得死气沉沉,变成了一种知识的灌输,心灵的压抑,创造性的僵化和闭塞。

人本德育建立在"以人为本"的基础上,其本身就应当在完满人性、发展个性的基础上,开发人的创造性,因为创造性才是人性和个性真正达到自由的标志。笔者认为,人本德育的创造性培养应实现知识传授与创新的链接,因为教育的核心所在"绝非单纯的文化传递,而是它对一个人人格心灵的'唤醒'"[3]。也就是说,人本德育的终极目的不是传授已有的东西,而是通过培养人的创造力,将人的生命感和价值感唤醒,一直到精神运动的根,使人成为自觉、自由活动的人。总之,创造性是人的本质属性,是人的一种生存状态,它在实践活动中不断被激发。"通过创造的活动,人不断优化、改善外部世界,同时人的新质也不断呈现,人的本质更加完善、全面、丰富"[4]。

---

[1] 马斯洛著,林芳译.人性能达的境界[M].云南人民出版社,1987:87.
[2] 马斯洛著,林芳译.人性能达的境界[M].云南人民出版社,1987:83.
[3] 转引自邹进.现代德国文化教育学[M].山西教育出版社,1992:73.
[4] 鲁洁.道德教育的当代论域[M].人民出版社,2005:111.

总之,"人的存在从来就不是纯粹的存在,它总是牵涉到意义。意义的向度是人所固有的"①。人本德育通过对个体人性化、个性化和创造性的培养,使人找回本真的自己,并不断去追寻生命的意义和幸福的生活。

---

① 威廉·赫舍尔.人是谁[M].贵阳:贵州人民出版社,1994:46.

》论人本德育的幸福价值追求

第七章 人本德育追求幸福价值之维度

从生活的视角看待人本德育的幸福功能，其基本价值取向在于人的生活与幸福的统一。国家层面追求老百姓对幸福生活的向往，每一个个体也在追求幸福的生活，到底幸福是什么，我们很难归纳出一个统一的答案，大到国家层面老百姓实现了对美好生活的向往，人们衣食无忧，过着自由、美好幸福的生活，个体在事业上尤其是在国家核心领域的研发中有明显的突破，国家给予每个公民的安全感，等等；小到个人学有所成，家人身体健康，有一份安稳且收入不错的工作，家庭幸福美满，等等。幸福是每一个老百姓生活的终极价值追求，正如费尔巴哈所言："生活和幸福原来就是一个东西。一切的追求，至少一切健全的追求都是对于幸福的追求。"①因此，人本德育站在生活的立场，引导幸福生活的实现。真正的幸福是以生活哲学为引导，在生活中完善人、诗化人、发展人，使人在完整的生命存在中体验幸福；幸福又是生活的目标，在生活中所追寻的幸福不仅仅是感官的体验，

---

① 荣振华译.费尔巴哈哲学著作选读[M].北京：商务印书馆，1984：543.

更应该是印刻在内心的精神品质;幸福还是一种能力,幸福能力的培养离不开生活这一实践的场所,人本德育在这里引导个人努力发现幸福、获得幸福、拓展幸福。

一、以生活哲学为根基,体验幸福感受

在科学主义、实用主义盛行的今天,哲学这种形而上的东西逐渐淡出人们的视野,不再能够成为某种商业社会的高贵,不再成为迷茫在金钱中的人们内心的信仰。但我们无法忘记,没有哲学的生活是寂寞的,远离人的存在和本体谈论幸福是盲目的。懂哲学、讲哲学是幸福生活的基础,生活的乐趣在于拥有哲学所赋予我们丰富多彩的想法和活法,哲学生活也是指向人的,不仅在为着人的发展,也在创造适合人类发展乃至幸福的环境。为什么国家提倡全体中华儿女要学好中国哲学、中华优秀传统文化以及古人留给后代的精神,就是因为哲学是生活的根基,是指引人寻找人生价值和意义的方向。人本德育将生活哲学作为根基,作为实现幸福的有力指引,始终贯彻教育的"成人"理念,指向"存在"的完满,创设有利于幸福实现的"诗化"环境,使人在饱含人文的气息中学会对生活做加减法,领悟生命的幸福。生活哲学是宏大而开阔的,笔者欲从三个方面展开描述,这三个方面都是站在人的需要和发展的视角,直接关联人的幸福。

》论人本德育的幸福价值追求

(一)指向"存在"的完满:转换幸福感的思维方式

人的生命存在是幸福的落脚点和价值旨归。但是随着教育现代化和科技的飞跃式发展,仿佛因为科技理性的环境让教育的引导价值走向了疏离生活的道路,个体从社会中获得的更多是为了满足社会或集体所要求的知识和技能,而未获得人生的完满状态。从国家的教育方针导向看亦是如此,教育无论是社会的发展,还是个人的生存意义,都是将人作为唯一目的,指向人,完善人,都是为了人之存在的完满。而在科技发展极度快速的新的大环境下,人每天依赖于科技,在享受科技带来的美好生活的同时,不知不觉间仿佛疏离了自己的生活,人仿佛进入了一个新的时空隧道,节奏很快,但并未获得生活的完满。马克思认为,共产主义的理想社会是"人与自然界之间、人与人之间矛盾的真正解决,是存在和本质、对象化和自我确证、自由和必然、个体和类之间的斗争的真正解决"[①]。这就说明自然界和人类社会的发展都是为了人的生命存在的全面实现,为了获得生命存在中各方面的和谐。换句话说,教育应该还原到人的具体生活过程,通过教育去实现人的生命存在的发展与完善,是人生最重要的任务,是个人获取幸福的最本质力量。

在马克思看来,幸福感的获得来源于人之"存在"从不完满到完满的过渡,也就是人的本质的全面实现,真正实现了人的类

---

① 马克思恩格斯全集(第3卷)[M].北京:人民出版社,1979:301.

本质、个体本质和社会本质的统一。人之存在的不完满状态,是资本主义"异化"的结果,"劳动对工人来说是外在的东西,也就是说,不属于他的本质的东西;因此,他自己在劳动中不是肯定自己,而是否定自己,不是感到幸福,而是感到不幸,不是自由发挥自己的体力和智力,而是使自己的肉体受折磨,精神遭摧残"[1]。人真正的自我已经不再存在,而是束缚于他人权力之下的附属品或交换物,从本质上自己已不再是完全意义上的客观存在,而只是一种符号和象征,这种异化包括了人与人的类本质相异化,当人不成其为人的时候,谈何存在的完满?又何来的幸福?

与资本主义社会相反,人本德育的立足点就是人与人之间的平等和自由,抛开诸多束缚和压迫,去塑造的是完整的生命存在,造就的是活生生的、自由的个体,个体能够在生活的实践中自由支配自己的行为,并有意识地将自己的意志转变为自由的行动。在这种生活中的人,"懂得按照任何物种的尺度来进行生产,并且随时随地都能用内在固有的尺度来衡量对象"[2]。这种真正意义上的"人",意味着是追求人的全面发展的人,意味着是有生活向往和创造美好生活的人,意味着人的本质与力量的激发,人开始自主支配自己的思想、态度和行为,开始把自己作为发展的主体,在不断地与自然界和社会的互动中完善自我存在。努力在自由自觉的实践中证明自己的存在和价值,展示自己的

---

[1] 马克思恩格斯全集(第1卷)[M].北京:人民出版社,1979:43.
[2] 马克思.1844年经济学哲学手稿[M].北京:人民出版社,1979:50-51.

无限可能性。正如孙迎光教授指出的,"只有在质上达到全面,量和广度上才有意义"[①],这里的全面是指个性的充分发展、生命意义的领悟、精神境界的提升以及对幸福的美好憧憬。

人本德育将个体的"存在"置于生活哲学视域下,既体现了存在的哲学意味,也体现了个体追寻幸福生活的思维转变。在传统文化的世界中,幸福体现为对生命存在的理解和领悟后的生活方式和内心体验。然而,在物欲横流的当今社会,幸福恍然间接近于性、金钱、利益等的代名词,这种幸福的思维方式认为幸福的获得来源于外在性需要的满足。不可否认,生理性需要以及个人名誉、地位等的满足是实现幸福的必要前提,但不能作为幸福的客观标准,因为外在性需要的满足并不能直接改变人的生命存在,并不直接实现生命存在的完满。而内源性发展需要则来自人的生命本身,是在对生命的叩问中,使自己的各种潜能得到充分的发挥,使自我与世界、与他人的连接更加和谐,自我更加完善。这才是真正的幸福思维方式。

(二)领悟"诗意"的生活:营造幸福感的诗化意境

"诗化"德育不是狭隘意义上的诗歌教育,而是一种教育哲学观。"诗教何为"源于海德格尔对于"在贫困时代里诗人何为"的发问,他说诗人"在贫困时代甚至连自身的贫困也体会不到,这种无能为力便是时代最彻底的贫困,贫困者的贫困由此沉入

---

① 孙迎光.马克思"完整的人"的思想对当代教育的启示[J].南京:南京社会科学,2011(5).

暗冥之中,因为贫困只是一味地渴求把自己掩藏起来"[1]。当然,这里的"贫困"不是物质的贫困而是精神的贫困。"贫困"主要是唯理性的,它限制、扭曲、关闭了与敞开的关系,使人无法进入诗意的生活。而人作为诗意的存在,是一个无遮蔽的开放状态,理应要求教育克服单向度的理论沉思,转变用理性统一教育的局面,转而在理性话语之外,倡导诗性之思。

人本德育的诗意底蕴离不开传统文化所蕴含的丰富的诗性情怀和诗教智慧。孔子将成德的过程归结为:"兴于诗、立于礼、成于乐。"[2]并认为"不学诗,无以言"[3],这不仅道出了"诗化"对于成人成礼的重要性,也道出了德育最具震撼力的话语:诗意话语。中国传统的诗意德育超越了理性的限制,以营造出一种诗化、审美的意境为目标,其特点表现为以下三个方面。第一,"苗式教育"的艺术思维。它是生活世界的德育,没有系统化、精确化的学科知识,教育者凭借艺术性的、模糊的、直觉的思维来实施德育。它追求艺术化的人生,没有理性的论证,没有专业的分析,但却直指人心,给人"耸身飙举之感"。第二,"无为而无不为"的教育艺术。老子云,"不言之教,无为之益,天下稀及之"[4],这里体现的便是无为的艺术。无所为而为的教育,不是说教与管制,而是以艺术的眼光看待世界,以审美的思维诗化生活,正所谓

---

[1] 孙迎光.诗意德育[M].上海:上海三联书店,2011:32.
[2] 孔子.论语·泰伯[M].上海:上海世纪出版社,2007:75.
[3] 孔子.论语·季氏[M].上海:上海世纪出版社,2007:167.
[4] 饶尚宽译注.老子[M].北京:中华书局,2006:107.

"为学日益,为道日损,以至于无为,无为而无不为"[1]。第三,"物我交融"的善美境界。冯友兰认为人生最高境界是"与天地比寿,与日月同光"的天地境界,天地境界就是物我合一、天人一体的诗性境界。人与世间万物是共生共享的,德育中的美与善皆源于天地万物,美融于善,由善生美,德育就是在与世间的交汇中得到升华。

诗意是人性的天然领域和精神原型,也是人本德育的应然追求和幸福路径。人不仅是"物质人",更是"精神人",人区别于其他万物的一个关键就在于人是活生生的诗意性存在,具有自我觉解和建构的能力。不仅能够清晰合理地认识自己的现状,自主审视过去和未来,还可以用诗意的情怀赋予自己有限的生命以无限的宽度。这个过程是自我的不断超越,不断给生活创造真的希望、善的色彩和美的图像,使自身永远处于充满诗意的情境中,体验审美带给自己的愉悦心情和幸福享受。

(三)把握"加减法"策略:多元幸福感的获得渠道

孔子在《论语·雍也》中言:"中庸之为德也,其至矣乎!"中庸可谓世间万物平衡与和谐发展之道。在生活哲学的世界中,中庸是智慧生存之道,是个人通向幸福的必经之路。幸福的能量是守恒的,我们既要有"逝者如斯夫,不舍昼夜"的精神去争取幸福,也要有"养心莫善于寡欲"的纯粹心境去呵护幸福,这是一种幸

---

[1] 饶尚宽译注.老子[M].北京:中华书局,2006:117.

福的平衡,不偏不倚。因此人本德育在完善人性、诗化意境的同时,还要融入一种新的幸福策略——加法策略和减法策略。

1.加法策略

幸福不是安于现状的苦苦等待,而是跟随内心的需要努力追寻。人生之为人,在与外界互动过程中,必定会对生活中的种种事物充满好奇和想象,恰是这种好奇使一个人开始了探索与求知,开始用加法策略不断增加自己的人生阅历。充实的生活不仅丰富了自己,也丰满了幸福。

加法策略首先表现在求知。"无视求知的机会,就像进了剧院不听戏一样。世界充满了可歌可泣、光怪陆离的事情,凡对这一奇观感觉不到兴趣的人,便是放弃了人生赋予他的一种权利。"[1]对真理的追求是永无止境的,因为不仅追求的过程是一种美好的人生体验,真理本身也拥有亚里士多德所谓的"善"的性质,这种善因自身价值而不为其他目的为人所向往。

丰富自己的兴趣也是加法策略的一种表现。正如黑格尔所说:"一个深广的心灵总是把兴趣的领域推广到无数事物上去。"兴趣愈加广泛,愈有更大的施展才华的空间,将更有机会提升获取幸福的能力。

当个人在不断完善自己的同时,也要学会感恩。泰勒认为,那些把感激的事情每天记录下来的人在心理和生理上都有较高的健康水平,当感恩成为一种习惯,人们会更加珍惜生活中的美好,而不会把他们当作理所当然,这也是在做感恩的加法中获得

---

[1] 罗素.幸福之路[M].北京:中央编译出版社,2009:168.

的另一种幸福感受。

2. 减法策略

减法策略作为加法策略的补充，其实质就是要求人们在忙碌的奔波中学会停下来，做到收放自如，张弛有度。不要因为匆匆的步履错过了身边的风景，远离了平和的心境。

一方面，减少自己的欲望。孟子曰："养心莫善于寡欲，其为人也寡欲，虽有不存焉者，寡矣；其为人也多欲，虽有存焉，寡矣。"[1]人的欲望是无止境的，倘若让欲望泛滥成河，人将成为欲望的奴隶。因此欲望是需要自我控制的，自我控制是最强者的本能。

另一方面，对周遭事物做减法。人们每天都在对自己做事务上的加法，为了能够过得所谓"充实"，把自己的日程安排得满满的，甚至恨不得让自己一天都不要拥有停下来的机会。他们宁愿把时间花在"有用"的事情上，也不愿浪费在"无用"的事情上。正所谓"形体上忙忙碌碌严肃认真，把一切事情处理得井井有条，在外是'有用'；但对于内心清静无为、精神轻松愉悦的要求而言，实在是在内的'无用'"[2]。然而这恰恰本末倒置，这些所谓的"无用"的事情才是最应该花时间去珍惜和拥有的，比如和家人相处，出去休闲娱乐，自己安静听音乐思考问题，等等，这何尝不是真正的快乐和幸福？

余秋雨在《霜冷长河》一书中谈论"谣言"时写道："如果谣言

---

[1] 万丽华、蓝旭译注.孟子[M].北京：中华书局，2006：338.
[2] 谭维智.庄子道德教育减法思想研究[M].北京：北京师范大学出版社，2011：213.

真的让你失去一部分读者,那么这部分读者本来就不应该是你的读者;如果谣言真的让你失去一些朋友,那么这些朋友本来就不应该是你的朋友。"有时我们真的应该像对待谣言那样,对自己的人生做减法,放空那些无谓的杂质,留下幸福的空间。

二、以生活目标为导向,培养幸福品质

每个人都在追寻幸福,幸福感是幸福最直接的表达,然而这种感受是有条件性的,是人的内心在特定的环境中所产生的美好反应,随着时间的流逝,这种幸福感也会随之逐渐淡化,甚至消失。而幸福品质是凌驾于主观体验的基础上,通过生活中长期的实践磨炼,在个体内部产生的相对稳定的积极心理特征,并最终转变为一种积极、乐观、自信的态度、思想、品性等实质性东西。生活是培养幸福品质的场所,而生活目标则是幸福品质的引导和方向。人本德育就是要立足于生活,挖掘个体潜在的、未发现的,发展个体新型的、等待开发的幸福品质。

(一)"短期焦点解决"模式——培养积极乐观的心理品质

焦点解决短期咨询(SFBT)是在 20 世纪 80 年代初由美国咨询家史提夫·简·夏德(Steve de Shazer)和茵素·金·伯格(Insoo

Kim Berg)夫妇等人在美国密尔沃基创立的。①经过长期研究,他们不仅建立了系统的治疗理论,并且与临床实务相结合,具有很强的独特性和实用性。

焦点解决模式是在建构主义的哲学基础上形成的后现代思维。后现代思维强调"人必须经由自我的创造与环境的互动才能建构真实的主体经验,人不能单纯地视为环境中的被动反应者,人要有能力把自己视为主动的创造者,从主体经验中超越内外自我的限制"②,这就是后现代思维的主体精神。

焦点解决模式既然秉承着后现代思维的主体价值和精神,必然区别于传统咨询把受助者置于被动地位,重视探究问题原因的模式,而代之以一种充分尊重个体,相信其自身资源和潜能的心理治疗模式。因此,焦点解决模式是在"不注重探求问题发生原因的情形下,助人者与当事人一起达成预期目标,并利用当事人的资源来创造性地寻求解决方案"③。焦点解决模式的基本假设有以下几个方面:(1)关注"例外",引导正向思考。例外即在最黑暗的地方发现一束阳光,也许正是这一点"例外"的光,能使改变朝着预期的、美好的方向发展。(2)关注"目标",直击解决路径。焦点解决是目标导向型模式,而非对原因刨根问底。(3)关注"一点",带动全面。基于系统观的考虑,从小的改变着手,事情往

---

① De Shazer S.Keys To Solution in Brief Therapy M [J].New York:Norton,1985.
② 汪明春.焦点解决短期心理咨询实践探索[J].成人教育,2009(265).
③ 黄丽,骆宏.焦点解决模式:理论和应用[M].人民卫生出版社,2010:1.

往比较容易成功,就像滚雪球,总是从最小的点开始,越滚越大。在一个循序渐进的过程中,让求助者逐渐树立信心。(4)关注"当事人的自我潜能",相信其拥有解决自己问题的能力。

人本德育融合着焦点解决模式对待主体的人文理念,饱含着焦点解决模式培养健康人、幸福人的殷切希望。笔者认为,在人本德育视域下,焦点解决模式更体现在师生之间积极的互动交流过程中,即教师始终引导学生朝着积极乐观的方向去思考。积极乐观的态度要求个体在生活中面对困难或挫折的时候,善于换一个角度,换一种心境,并通过自我暗示,相信自己拥有解决问题的能力,问题才可能会迎刃而解。总之,当积极乐观成为一种生活态度时,幸福也将成为生活中的一种常态。

(二)"自我促进改变"模式
——培养自尊自信的个性品质

"自我促进改变"模式是由美国临床心理学家阿尔伯特·埃利斯提出来的。他认为人们的情绪障碍并不是来源于外部的客观事件,而是来自自己不合理的认知和信念。所以这种改变实质是对自己内心的叩问,对认知的反省,对信念的检查。

"自我促进改变"模式的核心是转变人的思维,培养人自尊、自信的幸福品质。具体包括五个方面[①]:一是"因为我基本上是一个自寻烦恼的人,所以我一定能靠自己消除烦恼"。单个人的

---

① 参见[美]阿尔伯特埃利斯著,李迎潮、李萌潮译.让你快乐起来的心理自助法[M].北京:中国人民大学出版社,2010.

力量是微小的，你不能左右别人的思想，你不能掌控整个世界，你能改变的只有自己，只有自己才是管理自我、调节自我的主人。二是"我一定能减少引发我情感和行为出现问题的非理性思维"。对于客观存在的事实和引发我们情绪的状况，对每一个人都是公平的，我们无法在想象中删除，我们能做的是调控自己的思维，使自己能坦然面对。三是"尽管我常出问题，也很容易烦恼，但我能够以不同的方式思考、感受和行动，从而减轻我的烦恼"。换一种角度看问题，也许会有"柳暗花明又一村"的豁然开朗。四是"我的情感烦恼涉及各种思想、感受和行动。我能观察到他们，也能改变他们"。正确认识自己的情绪情感是发现问题和解决问题的关键。五是"减轻烦恼要求我不断努力实践"。每个人都有能力去改变自己的思维、感受和行为，但前提是必须付诸实践。

"自我促进模式"区别于焦点解决模式的地方在于，自我促进模式基于实践的立场，强调更多发挥人的主动性和积极性，在真实的行动中去改变自己，培养自尊、自信的幸福品质。而焦点解决模式注重观念和心态的转变，旨在倡导人们积极乐观地看待问题，转变看待问题的方式。人本德育在生活目标的指导下，运用支持和鼓励的外向激励并结合学生的自我激励机制，培养和发展个体思想—行为循环运转模式，进而促进良好幸福品质的形成。

三、以生活实践为场域,提升幸福能力

亚里士多德认为:"我们说幸福不是观念的品质,如若是,那么一个终生都在睡着的人,过着植物般生活的人,陷入极大不幸的人都要幸福了。如若这种说法不能令人满意,那么,最好还是把他归于实现活动。"[1]因此,人本德育所追求的幸福感受、幸福品质和幸福能力三种价值,其中幸福能力居于核心地位,是追寻幸福的落脚点。个体的幸福感受和良好的幸福品质只有转化为幸福能力,回归生活实践场域,才能使幸福真正得到延续,真正浸润人的内心。本部分主要从发现幸福、获得幸福和拓展幸福三个延续层面展开论述。

(一)发现幸福的两个关注:自我观、幸福观

发现幸福的能力是培养其他幸福能力的基础,因为没有发现,就无所谓幸福的获取与拓展。然而,发现幸福的前提是知道"幸福是什么",只有真正理解幸福之所在,才能发自内心地体验到获得幸福的快感和价值感。现代人可能对于宇宙奥秘的探索远远超越古人,然而对于幸福的理解并不比古人更透彻。因此,

---

[1] 苗立田编.亚里士多德选集(伦理学卷)[M].北京:中国人民大学出版社,1999:239.

论人本德育的幸福价值追求

培养发现幸福能力这一命题显得格外重要。

1. 认识自我,探寻幸福

发现幸福的首要任务即认识自我。"惟有自我认识,才可能为人带来宁静与快乐,因为自我认识是智慧与人格完整的开端。智慧并非是指从事于表面上的适应,不是心智的培养或心智的获取,而是对生活方式的了解能力,对正确价值的知觉力。"[①]智慧的最高境界不仅是指向对外界的认识,而更多的应该指向自我认识与自我分享。在古希腊德尔菲的神谕中,有一条最高的诫命,即认识你自己。苏格拉底正是对这条诫命的实践,开始了从探寻"自然"的知识转变为寻求"自我"的智慧。

美国心理学家 Jone 和 Hary 曾提出过关于自我认识的窗口理论,也即乔韩窗口理论。他们认为人们对自己的认识是一个不断探索的过程。他们根据自我的开放程度,将每个人的自我划分为四个部分:公开的自我、盲目的自我、秘密的自我、未知的自我。公开的自我也即透明真实的自我,是自己与他人都了解的领域;盲目的自我是自己不了解而他人了解的自我;秘密自我是自己知道而他人不知道的自我;未知的自我是自己和别人都不知道的自我,属于封闭的自我或无意识的自我。乔韩窗口理论认为,在自我生命活动的认识中未知区域越大,则发现幸福的可能性越小;当公开的区域最大时,也即当自我认识达到最大值,自我与他人、与社会的统一度最高时,幸福活跃的空间也将最为开阔。

---

① [印]克里希那穆提.一生的学习[M].北京:群言出版社,2004:16.

"自我认识,乃是一个人明白他自己的整个身心过程"[①]。因此,自我认识是全面的而非片面的认识。自我认识包括了解自己的人格特征、兴趣爱好、身体状况;了解自己的思维、情感和生命活动;了解自己的优势和不足;了解自己的希望和恐惧。除此之外还需要了解自己在与外界互动过程中自我的意志品质,自己与他人的差距,自己的能力、努力和梦想。当然,培养自我认识的能力,既是对"人自身"的知识、思想与行为的认识,更在于对自己的情绪和情感的认知,对需要和欲望的监控,对生命的种种存在、生命的价值和意义的觉察。当一个人真正明白自己的精神需要的时候,他才是幸福的、自由的,因为"自由,只产生于一个人在其每日生活中的自我认识"[②]。

当然这种自由应该是适度的,因为幸福是自我认知间各种关系的平衡,如果超阈限地对欲望贪婪,终将使自己的内心载满压迫和不满,淡忘了快乐,僵化了生活。因此,只有正确认识自我,才能掌握发现幸福的条件,才能得到心灵上的满足和精神上的愉悦。正确认识自我就像一种真理性知识,这种知识"一经发现和获得后,我就可以永远享有连续的、无上的快乐"。[③]

2.领悟真谛,深层优化

幸福观是人生价值观的核心部分,对个体的幸福取向和幸福态度、人与环境交互作用的方式以及人的行为起着导向作用。要培养正确的幸福观,就必须首先领悟幸福的真谛,"如果你还

---

① [印]克里希那穆提.一生的学习[M].北京:群言出版社,2004:15.
② [印]克里希那穆提.一生的学习[M].北京:群言出版社,2004:28.
③ 斯宾诺莎著,贺麟译.知性改进论[M].商务印书局,1960:18.

§ 论人本德育的幸福价值追求

不知道幸福在什么地方就去追求幸福,那就会越追越远,就会走多少道路便会遇到多少危险"[1]。所以,要正确看待幸福,就必须探索幸福的本质是什么。

幸福需要发现。生活中我们一般认为幸福莫过于忙碌之后的心无挂念,饥饿后的一顿美食,劳顿后的一场好梦。然而米哈里·契克斯米哈赖认为"最愉悦的时刻通常在一个人做了艰巨而值得的事情,把体能与智力都发挥到极致的时候"[2]。还有人认为,幸福就是无论财富、名誉、结果而全身心投入到生活的过程,这个过程由于其自身善的性质,所以过程本身就是让人感到幸福的。二者的异曲同工之处就在于将幸福看作是个体潜能充分发挥、价值充分施展的实现过程。这个过程具有超越物质满足的精神性、超越个体利益的社会性,是个人幸福与人的本质的统一。罗素在《幸福之路》里谈到:"所有人生的现象本来是欣喜的,不是愁苦的;只有妨碍幸福的原因出现时,生命方始失去它本有的活泼的韵节。"[3]可见,真正的幸福不是浮于表面的强颜欢笑,因为一笑而过,回归本真时,才发现微笑和快乐是如此不堪一击。只有领悟幸福真谛,才能获得真正、持久的幸福。

发现幸福除了领悟幸福真谛之外,更重要的是对现有幸福观的深层优化。刘次林认为"幸福观有两个层次:一是较为松散的层次,这种幸福观属人的意识层面,受认识支配,做理性判断;

---

[1] 卢梭著,李平沤译.爱弥儿(下卷)[M].北京:商务印书馆,2008:76.
[2] 米哈里·契克斯米哈赖.幸福的真意[M].中信出版社,2009:6.
[3] 罗素著,吴莫朗、金剑译.幸福之路[M].北京:中央编译出版社,2009:6.

二是十分牢固的层次,这种幸福观已深入到人的无意识层面,仿佛天生的一般,它主要受人的情感支配,其反应往往不需要理性分析。因此比前一种方式反应更为直接迅速,这种方式似乎是先天本能,但它仍然是第一层次幸福观经过长期反复积淀的结果"[1]。第一层次由于受到理性的支配,与人的无意识反应关联较小,因此属于被动的幸福,对人的影响较小;第二层次由于受无意识掌控,属于深层次的幸福观,更多的与人的性格、情感相联系,超越了任何功利性的思考。

自我观和幸福观是人在意识层面的基本要素,也是人本德育在培养人的价值观上的基本体现。自我观是对"我之为我"的思考,幸福观是对"我之所求"的憧憬。"两观"真正打开了个人重新认识、审视幸福之门,开启了发现幸福之旅。

(二)获得幸福的三个必备:
良好德性、中庸之道、身心健康

发现幸福并不等于获得幸福,发现幸福的能力只是获得幸福的前提和基础。幸福从实践意义上讲,其本质是创造性,幸福只能来自创造性的生活,那种重复性的活动只是生存,只是一个自然过程,根本无所谓幸福还是不幸。创造性是人的本质力量,是实现自我价值,实现自由和幸福的源泉,也即"幸福在本质上是一种创造中的享受,创造的欢乐是幸福的主旋律"[2]。因此,创

---

[1] 刘次林.幸福教育论[M].北京:人民教育出版社,2008:192.
[2] 赵申明.怎样的人生才是幸福的?对幸福的哲学思考[J].清华大学学报(哲学社会科学版),1994(2).

造最具魅力,创造性行动所开拓的生活是崭新的、有活力的、激动人心的,同时创造性的幸福是人生的一种成就,是贯穿一生的意义。然而,获取幸福的能力,即创造幸福的能力并非生而有之,它需要后天的培养和塑造。

1.良好德性:获取幸福的原始动力

《中庸》首次将"德"与"性"结合起来。《中庸》曰:"故君子尊德性而道问学,致广大而尽精微,极高明而道中庸,温故而知新,敦厚以崇礼。"①即君子尊崇德性而又追求学问,既达到广博的地位而又穷尽精微之处,既达到高明的境界而又遵循中庸之道。这里道出了德性的重要,即拥有良好德性的人,可以博古通今,也可以心怀道德之理想,进而转化为道德之实践。

亚里士多德是德性理论的代表,他将德性分为两种,理智德性和道德德性。理智德性主要通过教导而发生和发展,所以需要经验和时间。道德德性则通过习惯养成,是内在于人自身的、使个体达到完善的性质。麦金泰尔认为"一种德性是一种获得性品质,这种德性的拥有和践行,使我们能够获得对实践而言的内在利益,缺乏这种德性,就无从获得这些利益"②。德性与实践是统一的,有德性的实践才是善的行为,即德行;德性又需要在实践中不断完善和更新。总之,德性既是一种内在的精神动力,指引着自觉自愿的行为,又是道德行为的内化和积淀,并在道德实践中形成较为稳定的品质和能力。

---

① 王国轩译注.大学·中庸[M].北京:中华书局,2006:119.
② 伍志燕.德性:何为,为何——麦金泰尔的德性之思[J].贵州师范大学学报,2008(6).

人本德育的首要任务是培养德性,完善的德性又是获取幸福的第一要务,正如柏拉图所言,"美好东西的获得以德性为前提",幸福就是这种美好的东西,是终极的"善",是灵魂合乎德性的现实活动。所以幸福不是来自神,而是通过德性的某种学习或训练而获得的。可见一个人能否获得幸福并不取决于他拥有多少财富,而往往取决于他的德性人格之境界。一个拥有良好德性的人,决不会将物质的富足和占有看作是唯一的幸福,反而他会将幸福看作是精神性的,并将对幸福的追求同人生的价值、意义和目的联系起来,即把幸福看作是德性的实践过程。总之,完善的德性一方面限制着人在获取幸福中的任性和不明智,教导人要体察自身的善心;另一方面也为人获取幸福指明了方向和路径,保证个体的德行始终保持在德性的指引下,沿着正确的幸福轨道前行。

2.中庸之道:获取幸福的道德法则

"中道"即"中庸之道",孔子曰:"中庸之为德也,其至矣乎!民鲜能久矣。"[1]中庸意味着在处理一切事务中要做到"致中和",但这并不等于折中主义,而是倡导把握持中的态度,不走极端,不偏不倚,恰如其分。孔子将中庸视为最高的道德法则,在道德实践中践行中庸,是道德实践的最高境界。"幸福是合乎德性的实践活动",其中的"德性"就体现为中道,因为亚里士多德认为:"德性的本性就是恰得中间","德性就是中道,是最高的善和

---

[1] 王国轩译注.大学·中庸[M].北京:中华书局,2006:51.

极端的正确"①。顺理成章,幸福就是合乎中庸的实现活动,过度和不及均被看作是恶,只有中道才是幸福之路。可见孔子和亚里士多德都将德性或幸福看作是一种相对适中的状态。

中道意味着相对的,而不是绝对。任何一个矛盾体,都是辩证统一的关系,都需要我们在两者的对立统一中把握"中节"。正如早期西方心理学家所提出自尊水平越高,在生活中就越乐观、积极、主动,更容易成功;而低自尊的人倾向于自责、抱怨、自卑,感觉生活没有意义。然而现代心理学研究发现,自尊并非越高越好,过高的自尊往往会导致傲慢自大、自恋,甚至会出现攻击性行为,最终并不会获得想要的成功。同样,积极心理学家芭芭拉·佛雷德里克森的研究表明,积极情绪并非越多越好,应当存在适当的消极情绪。因为"适当的消极情绪传递着重力的承诺,让你脚踏实地"②。因此,幸福的获得是能够在自我内部以及自我和境遇之间寻找平衡,不能固执于内(自己)或外(环境)的任何一方,而要讲究人与境的融合。

领悟中庸的精髓是人本德育的重要内容。幸福之道,在明中,在至诚,在止于至善。首先,人本德育在思想上,把握和理解中庸之道,善于运用矛盾辩证的方法分析问题。既能看到矛盾运动规律的特殊性,更能着眼于运动的统一性,在变中把握永恒,在异中求得同一乃中庸的辩证法则。其次,在生活态度上,倡导

---

① 亚里士多德,廖申白译注.尼各马可伦理学[M].北京:商务印书馆,2003:65.

② [美]芭芭拉·弗雷德里克森.积极情绪的力量[M].北京:中国人民大学出版社,2010:136.

心怀"至诚"。"诚"是中道的核心,是使人内心保持和谐与恰如其分的保证,正所谓"诚者自成也","唯天下至诚,为能尽其性;能尽其性则能尽人之性;能尽人之性,则能尽物之性;能尽物之性,则可以赞天地之化育;可以赞天地之化育,则可以与天地参矣"[①]。最后,人本德育在幸福目标的追寻下,止于至善。善之中庸,善之幸福,善之德育间。

3.身心健康:获取幸福的品质保证

健康是幸福的前提和基础,《世界卫生组织宪章》将健康定义为:"健康是一种身体上、精神上和社会上的完美状态。"简言之,健康是身体健康和心理健康的统一。当前人们对于身体健康更为关注,但对于心理健康理解甚少,缺乏对于心灵的关照。英国心理学家英格里希认为,心理健康指的是一种持续性的心理状态,当事者在那种状态下具有生命的活力、积极的心理体验、良好的社会适应且能够有效地发挥个人的身心潜力。笔者认为,心理健康既是抽象的,即建设内心的积极力量、追求内心的幸福状态;又是具体的,即认知正常、情感协调、意志健全、人格完整、社会适应良好、能够充分发挥自我潜能。

现代社会中,心理健康在幸福实现中起着关键作用。美国一位资深心理学家曾断言,"随着中国社会向商业化的变革,人们所面临的心理问题对自身的威胁,将远远大于一直困扰中国人的生理疾病。"快节奏的生活、工作、学习的压力,以及人际关系的维护上所面临的压力,使人们的内心不堪重负,伴随着紧张、

---

① 王国轩译注.大学·中庸[M].北京:中华书局,2006:134.

焦虑、适应不良等心理问题。然而由于对心理问题认识不够或不具备自我调控的能力,没有适当的、及时的解决措施,因此生活中的暴力事件不断上演,且青少年占据多数,甚至有接受过高等教育的大学生。比如复旦大学林森浩投毒案、西安音乐学院药家鑫杀人案、云南大学马加爵宿舍杀人案等等。生活中一些鸡毛蒜皮的小事,竟成为生命中不可逾越的障碍,造成了不可挽回的后果。可见心理健康是幸福的重要保证,只有始终保持积极的、乐观的、向上的、宽容的心态,幸福才有可能走进我们的内心。

人本德育虽然是以培养德性为第一要务,但作为以人为本的教育,理应是全面的、深入人心的教育。因此,对于学生心灵的呵护,实现学生身心健康,成为人本德育肩负的重要责任。正如马克思所说:"哲学家们用不同的方式解释世界,问题在于改变世界。"人本德育关注人的身心健康不应该仅仅局限于健康知识的传授,更重要的是培养学生健康的生活方式和行为。一方面学生主动参与、主动思考、选择、判断,付诸自己的信念和热情,进而实现态度和行为的转变;另一方面要注重学生心理素质的培养。德育过程中要创造积极的育人环境,引导积极的理念,巩固和发展个体积极、乐观的人格,为实现幸福提供品质保证。

(三)拓展幸福的三个要素:
幸福习惯、幸福智慧、幸福行为

幸福不仅需要学会发现和获取,更应学会拓展。因为人"不是力求停留在某种变成的东西上,而是处在变易的绝对运动之中"①。培养拓展幸福的能力表明幸福无论在时间还是空间上，都不是静止的、局限的，人可以在任何时间内创造以及在万事万物中渗透幸福的力量。拓展幸福作为延长某种幸福状态的能力，它是在整个生命层面发挥自身潜力，创造幸福条件，通过对生命的完整领悟和生命活动的全身投入，以获得幸福在思想领域和行为领域上的不断更新和创造。

1.幸福习惯

习惯是深藏于人的潜意识中的自动反应模式，正由于其无意识性和自动性，使人们不会去思考影响自己行为的力量到底是什么。人是习惯性的动物，调查研究显示，人的情绪、情感以及人际关系状况在很大程度上受到习惯的影响，甚至性格和品质的形成也与习惯息息相关。习惯有好坏之分，亚里士多德曾说过："正是一些长期的好习惯加上临时的行动才构成美德。"幸福就是通过好习惯而造就的一种最高善。因此，幸福习惯是拓展幸福能力的首要条件。

习惯不仅影响着人的生活，更影响着个人乃至整个社会结构的心理机制。威廉·詹姆斯认为，习惯可以使那些从事艰苦和乏味的职业的人们不仅不抛弃工作，反而为自己的坚持和付出感到幸福。当幸福成为一种习惯的时候，才能达到"极高明而道中庸"的境界，也即一个人的幸福境界是通过平凡的日常生活习惯而到达的。这也恰恰印证了冯友兰先生眼中的幸福：平凡而自然的生活方式中造就人的幸福，这是内心与生活的合一。

---

① 马克思恩格斯全集(第1卷)[M].北京:人民出版社,1979:486.

论人本德育的幸福价值追求

人本德育在某种意义上其实也是一种幸福教育，教人如何更好地生活，如何让幸福的活动成为生活中自然的、自动化的行为，让良性的思想、情绪和情感融入潜意识中并渗入生活。人本德育在促进幸福习惯的养成上可以借鉴 Slegman 的研究成果：（1）每天记录自己最开心、最愉快的事情；（2）记录自己被感动或感动别人的事情；（3）记录自己近两周最有成就感的时刻；（4）了解自己在智慧、博爱、勇气、正义、节制和卓越六个方面具有的品质，并在生活中不断尝试，使幸福真正成为生活中不可或缺的部分。

2.幸福智慧

拓展幸福的能力离不开幸福智慧的支撑。幸福智慧是在实现幸福过程中所必须具备的幸福信仰、幸福理想以及幸福心态。

首先，树立"人性本善"的幸福信仰。雨果说，信仰是人所必需的，什么也不信的人不会有幸福。有研究表明，拥有信仰的人比没有信仰的人心理更健康，生活更幸福，在面对失落和困境时也更容易寻找到光明。孟子曰"人性本善"，这种信仰是对"人性本恶"的扬弃，是对世间美好的信任，是对自我的根本性超越。拓展幸福需要人们内心始终相信世间温情长存，不断追寻生活中的愉悦、敬佩、灵感和统一。

其次，拥有"不忘初心"的幸福目标。目标赋予生活以意义，赋予行动以动力和方向。没有目标的人生是漂泊的，一切的行动都将是毫无引领和毫无方向的。马克思激励倡导青年人应该有自己的目标，这个目标是源自内心最深处的声音和最深刻的信念。除此之外，我们还"应当认真考虑，我们对所选择的职业是不是真的怀有热情？""如果我们选择了最能为人类福利而劳动的职业,那么我们就不会被任何重负所压倒,因为这是为全人类做出的牺牲;那时我们感受的将不是一点点自私而可怜的欢乐,我们的幸福将属于千万人"①。每个人心中始终秉持的那个价值信念和目标将是我们通往幸福的灯塔。

最后,培养"宽容接纳"的幸福心态。困惑、挫折是人存在的必然状态,是决定人成长的重要力量,它们会"以粗暴的方式突然地中断通常是连续性的生活过程,并给其一个新的方向"②。学会容纳生活中的对立面就是以开放的自我接纳生命中的阻碍,愿意拥抱生活中的喜悦和痛苦,愿意与生命中的一切建立良性关系,强化自我与他人、与自然万物的融通,培养宽宏博大的胸襟去看待和接纳生命中的坎坷。因为生活本身,或者生活中的对立面是"对苦难的体验与认同,把人对生命的追思和探寻引向深处"③,重拾生命的意义。因此,真正阻碍人幸福的并不是生活中无法把握的苦难和挫折,而是面对它们的心态。

3.幸福行为

幸福行为是受幸福习惯和幸福智慧的引导,它是将对生活的领悟落实为行动,并且善于将内心的坚强、乐观和感恩落实到日常生活中,真正将潜意识中的隐性存在和意识中的理智、思想转化为行动力。幸福行为是拓展幸福的终极渠道,任何幸福信念、幸福理想都将转化为一种生活的方式。

---

① 马克思恩格斯全集(第1卷)[M].北京:人民出版社,1979.
② O.F.博尔诺夫著,李其龙译.教育人类学[M].华东师范大学出版社,1999:58.
③ 刘铁芳.生命情感与教育关怀[J].高等师范教育研究,2000(6).

幸福来源于个人价值与社会价值的实现，社会价值的实现要以个人价值为基础，但幸福旨归于社会幸福。赵汀阳认为幸福的行动是给予与创造，给予即付出，这种付出是自发的、无意识的、自愿自为的，不应该抱有私人层面的想法。因此幸福从某种意义上说是以奉献为基础，始终将集体利益放在第一位，敢于担当社会赋予自己的责任。正如参与公益活动、公交车让座的行为是令人称赞的，但如果最初动机是为了在旁人眼中留下好印象，则这种行为并不是真正的幸福，幸福的行为应该建立在自己良好的德性基础之上，无条件地付出以获得内心的满足。

总之，拓展幸福的行为是时间上和空间上的双重拓展。在时间上幸福行为不是一时兴起，更不是三天打鱼两天晒网，它是持续的存在，永恒的延续。在空间上幸福行为是个人空间向社会领域的延伸，在为社会付出的过程中提升自己获得幸福的能力，延展自己获得幸福的空间。

第八章　人本德育追求幸福价值之策略

　　人本德育从体验幸福感受、培养幸福品质和提升幸福能力三个方面规定了其追求幸福价值之内容，人本德育在追求幸福的教育实践中更是有的放矢，以其浓厚的人文色彩，从夯实生活根基、开展交往教学、树立积极理念、优化网络环境等多个角度追寻幸福目标，实现幸福与教育和谐共生的教育境界。

一、回归生活世界，夯实幸福根基

　　将生活作为人本德育的根本，就意味着人本德育最终指向的既不是超验的神的世界，也不是机械运转的由道德律令指引的自然世界，更不是毫无凭证地将人抽象化的人性世界，它所指向的就是实实在在的人的生活世界，因为人本德育存在的根基就是人的生活。其目的是使人过上道德的、美好的、幸福的生活，并使其在道德生活的实践中感受到的不是约束和限制，而是一种牺牲、一种奉献和一种满足。换言之，人本德育的归宿从未定格于道德知识的获得,而是引导人们去选择、建构有道德、有意义、有幸福感的生活和生活方式。

(一)生活世界:人本德育的基础

人类社会中的教育在总体上可以划分为两大领域,即科学世界的教育和生活世界的教育。人本德育也一样,不仅在传授道德知识上承担着重要责任,同样也在完善学生生活世界中扮演着重要的角色。

"生活世界"这一概念源于现代西方哲学,但是在西方哲学领域并未达成一致的思考。虽然不同哲学家站在不同视角,引用了不同的称谓,赋予不同的含义,但总体来说,对生活世界的态度可以分为两大派别,一类是以海德格尔、赫勒等人为代表的反对派。他们将"生活世界"看作是处在自在状态的、不断重复的个体性日常活动,并认为这种生活是需要批判重建的异化生活。另一类是对生活世界持积极态度的,比如胡塞尔、维特根斯坦、哈贝马斯等,他们提倡生活世界比科学世界更具基础性和根本性,是与人最为相关的客观存在,并指出了生活世界的回归是拯救危机的必由之路。其中德国哲学家胡塞尔尤其对生活世界给予了系统的论述,他认为生活世界是前科学的、前逻辑的、未被课题化的、原初的和奠基性的世界,它是直观感性和主体经验性的世界。人们一直追寻的最高命题就是生活世界的本质和意义。

马克思似乎并没有像胡塞尔那样对生活世界进行系统的论述,但在整个马克思主义哲学中始终贯穿着"生活"这一根本性问题。生活使人、自然和世界联系在一起,他不主张在现实生活之外寻求世界的统一性,世界只能是与人相联系的生活世界,人在生活和世界的统一中是关键的,"被抽象地孤立和理解的、被固定为与人分离的自然界,对人来说也是无"[①]。因此,生活世界变成了人践行生命活动的空间。生活只能是人的"专利",只有生活才能揭示人的本质,生活几乎包含了人的所有活动,人的每一次生命实践都是对个人生活的完善,增加生活本应有的厚重感。通过马克思主义经典作家对于生活的阐释,笔者认为作为人本德育根基的生活世界,其实质是人在与自然、社会能动而现实的交往中展示自我生命本真状态的应然过程。

(二)"生活世界"作为德育根基的合理性

历史层面的追溯。古希腊时期既是德育和生活相分离的开始,也是生活德育思想的惊艳绽放期。古希腊的哲学家认为道德源于生活,是生活的需要,生活是道德存在的最终依据,这就为德育的生活根基打下了坚实的基础。亚里士多德认为,并不存在一个脱离了现实生活的具体事物而单独存在的抽象的善,善是具体的,存在于人的生活中,并在生活中逐渐转化为幸福之善。反过来人本德育的目的既是为了道德,更是为了生活。

逻辑层面的考察。从逻辑上讲,生活是道德的基础,道德源于生活,生活与道德之间的这种本体性关系,决定了人本德育与生活之间不可分离的特性。寻找人本德育的源头不能立足于天

---

① 马克思恩格斯全集(第42卷)[M].人民出版社,1979:178.

赐神授或带有超验的性质,更不能把道德看作是先天就有的甚至固定不变的某种人性,而只能站在实实在在的生活场域中,因为道德的产生与发展始终离不开实际的生活过程。可以说,道德的魅力需要在生活实践中予以展现,剥离生活的道德是空洞的、局外的。因此生活世界是人本德育最基本的因素。

现实层面的要求。任何事物要想在历史长河中永葆生命力,就必须在其所处的社会生活中找到自己的生长点和平衡点,否则,它就无法逃脱被时代遗弃的命运。人本德育也不例外,随着社会生活日日新、月月新,人本德育所处的社会环境发生了深刻变化,甚至具体到教育的理念、内容、途径以及人的价值观和道德评价标准,也发生着改变。"人们的观念、观点和概论,一句话,人们的意识,随着人们的生活条件、人们的社会关系、人们的社会存在的改变而改变。"[1]这种改变引发了人们对生活的不懈追问。它要求人本德育直面现实,以当下的现实生活为依托,在理性的反思和重构中寻找突破口,稳固德育的生活根基,灵活德育的教育体制,锁定德育的幸福方向。

(三)回归生活世界:人本德育的幸福转型

赵汀阳认为:"生活的目的就在于生活本身,它的目的是自足的,确切地说,生活自成目的。任何超出生活的东西对于生活都是无意义的,生活是生活意义的界限。"[2]也就是说,我们要在

---

[1] 马克思恩格斯全集(第1卷)[M].人民出版社,1979:270.
[2] 赵汀阳.论可能生活[M].中国人民大学出版社,2010:84.

乎生活本身,因为只有生活本身,即此时此地的生活才是对我们最有意义的。回归生活本身的德育是德育范式的转换,通过生活资源的不断开发,使人本德育真正开始向幸福转型。

1.人本德育回归生活的教育理念

人本德育所需要的生活资源来源于现实生活,因为"道德存在于儿童的生活中,德育离不开儿童的生活","儿童品德的形成源于他们对生活的体验、认识和感悟,只有源于儿童实际生活的教育活动才能引发他们内心而非表面的道德情感,真实的而非虚假的道德认知和道德行为,良好品德的培养必须在儿童的生活中进行"[①]。因此"以人为本"的德育必须以人的生活为基础,在具体的生活资源开发过程中秉持三大理念:

因人取方,与时新法。人本德育始终将人作为出发点,从纵向上看,每位学生的心性会随着年龄的增长和阅历的丰富发生变化,因此教育资源也要把握学生身心发展的规律,从发展的视角寻找教育资源;从横向上看,就是要把握时代生活的变化,善于发现时代在每一位学生身上划过的痕迹,充分尊重时代为新型德育以及学生的道德素质所提出的新要求和新任务。因人取方、与时新法可谓生活资源开发的首要参照点。

质以善取,向由心导。学生所拥有的生活是宽宏的、辽阔的,在如此的生活中鱼目混珠,良莠不齐,并不一定都是有益于学生发展的资源,因此在生活资源开发过程中要把握"善"的准则,寻

---

① 中华人民共和国教育部制定.义务教育品德与生活课程标准[S].北京:北京师范大学出版社,2011:4.

找积极向上的、健康阳光的、有益于学生发展的资源,如果是毫无目的性地筛选,效果可能适得其反。也即我们要始终坚持促进学生身心健康发展的方向,不断在善的资源中培养学生道德与幸福的品质。

源于真实,归于生活。真实性即生活德育资源必须来源于学生实实在在的真实生活,这些生活反映了他们的需要、见证了他们的成长,"立足于儿童的生活原型或适合其生活经验的那些生动、活泼、真实的道德事件、冲突和场景,由于有切实的利益关系相涉,故能吸引学生的道德兴趣、省思与判断,借助于师生、生生的对话与讨论,真实的道德生活事件就可以引发学生的道德需要、热情和具体的道德行为",[①]离开了真实的生活环境,也就失去了课程的意义。

2.德育回归生活的基本构想

首先,凸出生活,彰显本色。把人本德育的性质定于生活性,意味着以生活为根基的人本德育相较于之前脱离生活的知性德育,不仅体现在教育内容和策略上的变化,更多的是一种质的变化,是一种从形而上的更高层面对于人的本体地位的关照和幸福生活的希冀。简言之,在性质上从科学走向人文、单调走向丰富、知性走向实践,由与生活相隔离的另外一个世界走向新的生活世界,由静态的毫无生命的机械存在转向动态的充满生机的生活实践,幸福也只有在这种道德的实践中才能生根发芽。笔者

[①] 唐爱民.真实的道德生活与德育课程生活资源的开发[J].课程·教材·教法,2007(5).

认为,用生活性来规定人本德育的性质,是对"人本"的最本质诠释,也是对人本德育性质的最贴切和最为生动的表达。

其次,源头活水,取自生活。教育内容就是人本德育在教育过程中所要传递和渗透给学生并使学生形成正确的生活价值观、积极的生活理想和追求的内容。脱离内容支撑的德育是形式的、空洞的和毫无依托的,无法真正承担起培养一个拥有良好道德修养和道德人格、并努力践行生活道德的人的重要使命。在内容选择上,要考虑两个方面的因素:一方面考虑内容本身是否符合人本德育本身的性质以及所蕴藏的价值追求;另一方面考虑内容是否贴近学生生活,是否可以为学生所接受并内化为内心的法则。只有这两方面得到保证,才能使德育过程本身充满幸福能量,使所培养的德性更富有生命力和富有生机。

再次,取之有道,践行生活。生活既是人本德育的最终目的,同样也是人本德育的主要方法和工具。人本德育要实现其幸福的追求,就必须通过生活的工具性职能。正如裴斯泰洛齐所说:"不要忘记基本的原则,即生活是伟大的教育者。"[1]把生活视为人本德育的途径,是对科学化的教育方式的批判性思考,是对脱离实际生活的教育方式的反动和矫正,更是根植于生活与个人、生活与道德、生活与幸福之间的内在联系。要将生活的工具性功能发挥到最佳状态,就要求这种生活应该是学生自觉、自愿、自主地参与其中,并发挥着其积极、健康向上的价值渲染功能,让

---

[1] 裴斯泰洛齐.天鹅之歌[M].见任钟印主编:西方近代教育论著选,人民教育出版社,2001:281.

学生永久保持在开放的空间。如果生活被禁锢成一潭死水,那么人也将失去其生命的活力。

最后,师生对话,共存共生。德育回归生活无疑是德育的返璞归真,找回自己的本来面目。既然人本德育逐渐从机械式灌输走向充满生机的生活教育,那么师生之间的关系也应该由主客二分的关系转变为主体间性。主体间性不是任何一种单极的主体性,而是交互主体性,它依存的是主体间平等的交往。生活离开了主体间性便失去了主体共存的可能,教育失去主体间性,也同样会使受教育者失去平等享受主体地位的自由和幸福。

二、树立"积极"的教育理念,传递幸福能量

柏拉图说:"教育的首要任务就是教给年轻人从正确的事情中寻找乐趣。""正确的事情"从性质上应该是积极的、合乎自己目的的、内心感到幸福的事情。人本德育的宗旨就是在以人为本的指导下,使受教育者通过有意识的教育活动,成为一个有道德的、有生活的、有幸福感的人。鲁洁先生曾叹问自己,感慨在这个"教育的时代",德育的前路在哪里?笔者认为,人本德育的未来发展必须扎根于积极的教育理念之上,因为人本德育面对的是一个个有血有肉的人,而不是抽象的、概念化的人和冷冰冰的理性;面对的是人的向善之心,展示的是人对幸福生活的向往和对美丽人生的追求。

（一）"积极"教育理念的基本内容

积极的教育理念其实质就是将积极心理学的研究成果拓展并运用到人本德育中,它强调从受教育者积极的道德品质、德性潜能的激发、道德与幸福生活的展望等角度出发,采用肯定、鼓励、欣赏等积极、正面为主的德育方法,营造充满真诚、尊重、理解、关怀、接纳与信任的德育关系和健康氛围,充分体现人本德育之创新理念与实践策略。

1.向善与趋恶:"积极"教育理念的人性论基础

"积极"教育理念最本质的特征就在于其高度的正面性。孟子提出"人性本善"说,人生而具有"仁、义、礼、智"的四个"善端",但"端"仅仅是善的萌芽,是潜质与禀赋,要想使人在成长过程中做到"有善""用善"和"扬善",就离不开教育的引导、和谐健康的心理环境和成长氛围。向善的前提是人性中存在巨大的追寻幸福的潜能和空间,而目前的状况与理想的态度之间存在巨大的落差。在人本德育中,受教育者只有在一个充满接纳、信任与关爱的健康环境中,才有可能在内心培养起向善的种子,使良好的德性离自己愈来愈近,不良的品质趋于减少或消失。倘若没有人性向善的坚定信念,在具体德育实践中就不能相信受教育者自身内在善的存在,也无法用积极的态度去接纳、信任和关爱受教育者,更无所谓对学生幸福的关照。

2.扬善与抑恶:"积极"教育理念的价值取向

扬善还是抑恶,是人本德育最为本质的价值取向问题。作为辩证统一的关系双方,抱着相同的期待出发,却有着不一样的回归。以抑恶为主的德育,是一种致力于针对存在问题的"病理性"

的消极德育,而以扬善为主的德育,则是致力于激发积极力量的"培育式"的正向德育。"积极"的教育理念倡导扬善为主、抑恶为辅,始终从欣赏的角度给予温暖,用期待的眼光给予希望,赋予人正向的能量。这种正能量"是一切予人向上与希望,促人不断追求,让生活变得圆满幸福的动力和感情"[①]。它使整个教育过程充满暖意,使学生在受教过程中感受到尊重、温馨和幸福。

(二)"积极"教育理念的幸福实现机制

"积极"的教育理念是真正从受教育者本体角度出发的创新理念,倡导在教育过程中运用积极的思维,传递给受教育者幸福的正能量。因此在具体的理念转化为德育实践过程中,也需要把握"学生为矢,幸福为的"的主线,不断营造出充满尊重、信任、理解和轻松的教学氛围。

1.发挥期待引领效力,激发学生的幸福能量

"积极"的德育理念本身是一种致力于扬善和丰富学生内心生活的理念,因此提倡人本德育充分重视受教育者自身潜在的道德品质、潜能、追求,也就是教育者要以更加积极的人性观点看待受教育者,以更加积极的态度和耐心期待受教育者,以更加积极的教育方式对待受教育者。但这并不意味着对受教育者自身存在的问题视而不见,而是认为过多地关注他们的消极点,虽可看作是全面理性的分析,但对受教育者可能并无多大的裨益和帮助。换句话说,人本德育作为"人"的教育,需要的不仅仅是

[①] [英]怀斯曼(Wiseman,R)著,李磊译.正能量[M].长沙:湖南文艺出版社,2012:8.

理性的思考,更需要对德育本身的情感投入。

在教育领域,尤其在德育过程中,经常运用"皮革马力翁效应"(又称"期待效应")来激励学生,因为期待可以给予学生一种关心的、情感上的支持,有助于培养学生的自尊心和自信心。期待效应发挥作用需要借助于气氛—反馈—输入—输出四步流程,通过营造良好的教学氛围,对寄予期望的学生给予更多的关注、鼓励和赞赏,承认他们所取得的进步,阐明未来的发展空间。这说明期待意味着成长。

阿考夫指出,成长是"在渴望的方向上取得的变化"[1]。期待理论相信每个个体都有认同和完成与生俱来的"实现趋向",都有认识自我、肯定自我、发现自我的潜能,但这一切的达成,不仅仅依赖于自我的开发,更离不开他人的称赞与期待。著名心理学家杰丝·雷尔说:"称赞对温暖人类的灵魂而言,就像阳光一样,没有它,我们就无法打开成长的花;但我们的大多数人,只是敏于躲避别人的冷言冷语,自己却吝啬于把赞许的温暖给予他人。"在人本德育中,学生也需要像赞许一样直接而明了的期待,因为这将转化为他们无穷的力量,不断成长。

2.充分运用语言艺术,增强幸福的魅力指数

"积极"教育理念的一个极其重要方面就是语言艺术的使用。因为教育是语言的交流,虽然非语言教学在目前德育过程中运用较为普遍,但口头语言有着肢体所无法传达的深层意蕴,因此它仍然可以作为人本德育的主要运用工具。

---

[1] Goud N,Arkoff A.Psychology and personal growth [M].Allyn and Bacon,1998:278.

》论人本德育的幸福价值追求

语言之所以被称为艺术,一方面,人类通过语言的运用,不仅建构和完善着语言,也建构着自己或他人本身;另一方面,语言不仅可以对现存世界进行描绘,还可以对未来的不确定生活进行美好的预期。因此,德育如何用语言来重申这个生活世界,对于人的心理、价值观、期望都有很大的影响。

人本德育需要独特的、积极的语言艺术。语言艺术的运用区别于普通教学语言的地方,在于它融合了理性与情感,采取了换位与思考,更多从学生主体的视角,从事件的积极面去分析。具体表现在以下几个方面。

正面动机法。正面动机法是指在看待问题时从积极的动机出发,而非仅仅关注消极意图。正面动机法的使用有助于培养一双发现美好与善的眼睛,能够始终对学生的行为从正面的意义去理解,使受教育者感受到一种尊重、信任和肯定。每个人在做一件事情的时候都蕴藏着一定的动机,没有任何一个人的动机完全是恶的,它也有自身善的意愿。所以教育者一般对于表现出积极道德言行的受教育者采取积极肯定的态度,而对待不良的道德行为,教育者也应将积极的语言传递给受教育者。比如教育者对一个旷课打工的学生说:"你旷课出去打工,耽误学习的行为是违反校规的,但我知道你是为了减少家庭负担。"这样虽然否定了行为,但肯定了良好的动机和愿望。

转变情景法。转变情景法就是将个体的行为置于另一个时空中去评价。受教育者的行为在此时此地是错误的,但转换到另外一个情景中时,可能就是好的行为。比如教育者这样回应:"当你长大成人了,自己通过努力出去工作赚钱来减少家庭负担,这种精神是值得所有人去学习的。"所以要把行为放在合适的时间和地点。

结果导向法。结果导向法要求教育者不要把目光仅仅聚焦在行为问题上,而是要放在结果上,也即把焦点置于解决问题的方法和策略选择上。比如:"你觉得除了旷课出去打工来减少家庭负担,还有其他方式和途径吗?"一个疑问的回应,给了受教育者更多的思考空间,更有利于做出合理的行为。通过努力学习获得高额奖学金来减少家庭负担,就是最好的选择。

语言艺术的运用就是在教育中传递给受教育者积极的态度和模式,更重要的是通过积极的语言艺术,使受教育者转变自我心态,正确自我定位,并在被尊重、被肯定中感受那一份幸福。

3.促进学生人格完善,提供幸福的质量保证

罗杰斯认为:"如果我能够与我自己形成助益性关系,使我能够敏锐地觉察并接纳我自己的情感,那么我就十分可能与他人形成助益性关系。"① 可见,自我的体察和认知是成长的重要途径,也是保证自身幸福质量的关键。

内省慎独——倾听内心的声音。"积极"教育理念的运用过程其实质是师生双向互动的过程,其积极成效也不决定于教育者单向的影响,受教育者自我的判断、期待和付出往往更为重要。"内省"一直是儒家所倡导的修身成己之道。孔夫子的"吾日三省吾身"便是对反省提出的基本要求。"反省"可谓儒家"为己之学"的实践要求,"为己修身"的理论延伸,"心灵完善"的题中之义。对于人本德育来说,学生既是受教育者,同时也是自我教

---

① 卡尔 R 罗杰斯著,杨广学等译.个人形成论[M].中国人民大学出版社,2004:45.

育的主体,通过自我省察,不仅可以发现自身的不足,更能发现自己的优势,并充分发扬。"慎独"在《中庸》中被看作是君子的行为,莫现乎隐,莫显乎微。无论内省还是慎独,都是个体自我的一种积极暗示,对提升个体道德,增强自身幸福感都大有裨益。

自我提升——探寻内心的价值。自我提升法的主要作用在于提高自尊和自我效能感。自我提升离不开自我反省和自我发现,一个人只有在对自我持肯定态度并形成积极的心理体验的情况下,才有可能真正将教育的积极理念转化为自我提升的动力。在过往的德育实践中,受教育者已经接受了德育的思维方式和价值取向,但这些并没有帮助个体产生积极的行为,其原因就在于自我效能感和自尊感较低。当受教育者习惯于消极思维而无法扭转时,教育者应当运用心理咨询的焦点解决模式,在帮助其寻找自身的优势和资源的同时,也让他们学会从自己的优点出发,寻找发展和提高的能量。有时简简单单的一点欣赏、肯定和抚慰,就足以提高他们的自尊心和自信心,从而带来自我的思想蜕变。

情感调节——触摸内心的尺度。受教育者在学习和生活中不免会遇到各种挫折和烦恼,尤其对于新生来说,可能存在对新环境的适应问题,包括人际关系困扰、对未来的迷茫。这就需要教育者付诸更多的耐心去做到倾听、理解和包容。倾听受教育者诉说内心的苦楚,逐步化解自己的心结,让受教育者看到挫折对自己未来的发展所产生的积极意义和促进作用,改变受教育者对问题的认知模式,从而减少消极的心理活动;理解他们的行为动机,使受教育者感受到充分的信任感和依赖感;包容他们因为懵懂而做出的不良行为,并耐心引导。可以说,情感上的抚慰像春天的一抹绿、一滴泉,足以净化心灵,洋溢幸福。

三、搭建"交往教学"新平台,实现幸福互动

从唯物辩证角度看,人是个体性和社会性的统一。人既有源自其自身的安全、情感、发展的需要,亦有与外界存在互动的需要。交往教学就是实现互动需要的重要方法。对于个体而言,只有将自己融入集体,才能拥有实现自我全面发展的必要条件,才能实现真正意义上的自由。可见,只有在交往互动的条件下,个体才能在语言上实现碰撞,心灵上擦出火花,师生之间才能形成应有的默契与共享;教学才能从抽象走向具体,才能使教学这种现实性活动变得丰富、具体、富有生命力,可感、可知、独具创造性。

(一)"交往教学"的基本主张

交往教学就是以生活世界为基础,以师生的互动、共享、共创过程为价值导向,用整体交往观来建构理想的教学交往活动。[1]互动是交往的基础,共享是交往维系的纽带,共创才是交往的追求目标。因为正是交往主体间的差异以及主体间的合作与碰撞所形成的张力,才使得整个教学过程充满创造的能量。

---

[1] 田汉族.交往教学的基本特征及理论价值[J].教育研究,2004(2).

》论人本德育的幸福价值追求

1.在本体论意义上,把交往看作是师生之间的生存和发展方式

交往教学是师生、生生主体间的互动,始终秉持主体间性原则,在保证师生平等、和谐的交往关系中完成互动,并且通过交往过程中双方的价值输入与输出来实现关系的生成与建构,相融与共通。与此同时,整个教学过程是开放的、自由的,是个体自身潜能的不断挖掘,个体自由生命本质自由、自主地展开、确证、丰富和创造的过程。换句话说,交往教学虽然是双方的互动、协同发展,但也不能忽视个体培育。教师应尊重个体生命存在的特点,尊重其维护和发展个性的权利,并努力创造出一种话语自由、交往自由的新型发展方式,促进师生关系持续升温。

2.在关系论意义上,将主体间性的和谐美作为永恒追求

"主体间性"是主体和主体在交往过程中表现出来的互动互助、平等对话的和谐状态,关注的是主体与主体之间的理解和沟通,实现在认同中达成共识,在欣赏中完成共享。它是交往教学最为基本的特征,也是人本德育的核心所在。主体间性之所以有助于和谐教学的产生,就源于它包含着相互依存的两个方面:一是主体间在交往过程中能够相互认识和相互理解;二是主体间能够在相互理解的基础上对某一事情达成共鸣、共通。因此,交往教学的目的就是寻找双方的契合点和共进点,而非异己点和排斥点,求同存异才是和谐之道,重异轻同只会背道而驰。

3.在价值论意义上,提倡尊重人的生命并激发人的生命价值

交往教学是多元主体之间的互动,互动双方都是作为活生生的、葆有生命激情的个体而存在,因此可以说,交往教学是师

生之间生命的对话与交流,彰显出个体生命的价值和应有的厚重感。"在这种交往行为中发生的可以说就是生命,在这种相互作用中,作为环境的他人、他物对我施加压力或给我力量和欢乐,向我提出要求,从而在我的生存中占有一席之地。这样,每一个事物或每一个人都从和我的生命的关系中获得一种特殊的力量和色彩"[1]。总之,交往教学意味着尊重和发掘人的潜能,发现人的个体生长点,发挥人的主观能动性,发展人的生命优势;意味着生命质量的提高,生命力量的激扬,生命价值的展现。

(二)和谐+自由+活动:实现幸福互动的基本程式

无论从本体论、关系论还是价值论谈交往教学的基本主张,都蕴含着一个共性的优势,即将学生置于和教师平等的地位,充分施展学生的主体参与性。只有师生的交往"合力"充分发挥,才有可能在平凡而普通的交往互动中碰撞出幸福的火花。

创设和谐氛围,可孕育良性师生关系。环境、气氛是可以渗透内心并对人的感受性起关键作用的外部力量,尤其对一个人的幸福感受有着重要影响。人际关系主要有相倚性关系和对抗性关系,平等融洽、相互谅解的相倚性关系更有利于获得主体幸福。

从分立走向协同,可以促进交往教学的幸福关系生成。人就其本质而言是一种关系性的存在。在人的诸种关系中,最根本的是人与人的关系。存在主义者萨特从主观性角度认为,"那个直

---

[1] 李超杰.理解生命[M].北京:中央编译出版社,1994:78.

论人本德育的幸福价值追求

接从我思中找到自己的人,也发现所有别的人,并且发现他们是自己存在的条件"①。这就意味着自身存在在本质上是与"他人""共在"的。人的这种关系性存在为交往教学提供了重要的哲学基础。因此,人本德育的"交往"理念所要建构的是那种以自主、自尊、个性自由为特征的平等合作关系,所要消解的是一种以服从、驯服、恪守本分为特征的分立性关系。后者就是传统道德教育的典型关系特征,使得本应当充满人性魅力的德育,变成毫无主体能动、没有道德意义、枯燥无味的灌输与说教。因此交往教学应站在师生共生性关系立场,建立相互依存、相互融合的协同关系,使每个个体在自我价值的生成过程中体验幸福。

首先,用真诚引领信任,让交往教学的幸福自信呈现。

哈贝马斯认为,在"理想的沟通情景"下,如果人们能够意向真诚,遵循真实等基本要求,相互之间就能达成共识。②真诚拉近了教师与学生心灵的距离,使学生感受到被关怀、被尊重、被信任。美国心理学家 Carl Rogers 提出教师的三种核心特质可以促进和谐教学环境的形成,分别是尊重别人(respect)、换位思考(empathy)、真诚待人(authenticity)。做到这三方面,师生关系会和谐,师生、生生之间交流会增多,会更为坦诚,学生的自信会增强。③用真诚引领信任,表明只有真诚处于"在场"状态时,才能

---

① 萨特著,周煦良,汤永宽译.存在主义是一种人道主义[M].上海译文出版社,1998:22.

② 谢中.哈贝马斯的"沟通有效性理论":前提或限制[J].北京大学学报(哲学社会科学版),2014(5).

③ JIM S. Learning Teaching: A Guidebook for English Language [M]. Shanghai:Shanghai Foreign Language Education Press,2002:8.

使整个交往互动不仅有肢体语言的流转,更多的是互动双方情感和态度的卷入以及学生幸福自信的呈现。

其次,设计有效活动,激发学生参与兴趣。

人的发展离不开具体的实践活动,人的主体性也是在活动中展现出来的,并且当且仅当人对活动的参与是人的主体性表现时,对人而言才是一种享受主体地位的幸福。所以笔者将有效活动定义为能够发挥合理主体性的活动。

一方面,把握学生需求,师生协同设计。活动设计和搜集是教学活动的重要准备,有效的教学活动应该要求课堂中充满着逻辑性的活动设计,并且活动设计应遵循学生最优发展的原则。因此,学生的兴趣和需求是活动设计应该遵循的第一原则,尊重学生意见,甚至要与学生一起设计教学活动。教师和学生要在开放性的教学观念指导下,积极挖掘优质的、富有教育与发展意义的活动资源,这是实现主体参与和交往教学有效性的重要保证。同时,教育即生活,生活即教育,活动的设计应贴近生活,否则会模糊学生在生活中的真实呈现,忘却学生作为生活主体所具有的创造潜能。

另一方面,调动思维参与,实现全面交往。尼科洛夫认为人的活动分为内部活动和外部活动,内部活动是具有相对独立性的根本性活动,外部活动受内部活动的制约。因此有效的交往教学既要重视外部活动,也要关注内部活动的状态。人们普遍将思维(或精神)称为"根主体",这也表明了精神参与的重要性。"根"是内部活动,即精神、心理、思维的活动,人们在交往教学中所要求的实质性交往就是"根主体"的高度投入。罗杰斯认为师生交往过程中要身心"全部浸入",反对那种只是"颈部以上的互动"。但这里并没有否定外显活动的作用,而是倡导在有效的交往教学中实现内部活动和外部活动的制约与平衡。

再次,行动自由适度,给予交往更大空间。

交往是需要以一定的自由为前提的。自由是一种非强制性的自主参与状态。这里的"行动自由"不仅意味着身体的自由,更代表着言语、思考、情感和道德中的自由。马克思对自由给予高度的评价,认为自由可以拓展人发展的无限宽度。然而自由既是师生平等基础上达到的一种"对称自由",同时也是不偏不倚取其中的"适度自由"。因此,人本德育在交往互动过程中,要追寻自由的"中和"境界,以达到有效的交往效果。

一方面,适度的时间自由,保证学生足够的参与度。人本德育在教学过程中要把握好恰当的时间额度,如果教师过度地讲授,并不利于在教学中达到交往互动状态,学生并没有真正参与到教学中。因为过度教学会涉及授课的信息量超过了学生的忍耐力和接受力,必然会占据学生更多自主参与的时间,也失去了学生发现问题并探讨问题的机会。另一种情况是给予学生过多时间,放任自由,这就导致学生在主体性发挥的时候失去了教师的指导。因此交往教学中时间的分配应该做到教师指导与学生自主之间的平衡,一般来说,较好的参与比例为教师指导约占三分之一,师生交往互动时间为三分之二。

另一方面,教学的空白艺术,会留给学生回味畅想的空间。教学,尤其是独具人文特性的德育教学,应该给学生留下回味思索的余地,这种"空白艺术"绝对不是留下一段内容不去讲,而是在教学后留给学生一定的思维空间,达到"此时无声胜有声"的效果。真正高境界的教学是"无痕"的,隐蔽的,是让学生在不知不觉中"随风潜入夜,润物细无声"。

"隐蔽"。教学意图上的隐蔽是"空白艺术"的第一指针。心理学家霍切尔和布雷姆的研究表明,教育意图越明显,就越容易引起教育对象的逆反心理或对抗心理。反之,教育意图的隐蔽能给予学生自我定义的权利,更容易使教育本身的意图转化为教育对象自己的内心要求。积极愉悦、轻松健康的教学情境容易在潜移默化中赋予学生美好的心境和身心体验,能激发学生对美好的向往和热情,使教学所要传递的东西能自然地走入学生内心,与学生心灵相触。

"停顿"。马克·吐温对停顿给予高度的评价,他认为"恰如其分的停顿经常产生非凡的效果,这是语言本身难以达到的"。停顿并不是无话可说的标志,而是能让片刻的停顿给学生留出一个自己思考的时空,他们的奇思妙想往往归功于宝贵的停顿时分。在教学中,教师首先要找准停顿"点",这个点可以选择在教学的"沸点"、新知识升华的"临界点"、与生活的"契合点"等地方;其次要把握好停顿的"度",适度的停顿才能起到良好的效果;最后选择好停顿的"形式",形式应该多样化,可以是口头语言,也可以是肢体语言。

"模糊"。模糊是暧昧的、有弹性的。它看似朦胧,但不纯粹;看似清晰,却不透彻。它不是非此即彼,而是亦此亦彼;它不是非明即暗、非暗即明,而是亦明亦暗、若明若暗。[①]这就要求在德育过程中少一些确定性和统一性,多一些模糊的效果,营造更多耐人寻味的"空白"。

四、构建人本德育,实现人文关怀的内容体系

德育的蓬勃发展是社会发展和人的全面发展的客观要求,也是德育人文关怀所追求的和倡导的。因为它不仅是深入推进德育工作更具人文情怀的重要手段,也是立德树人目标实现的重要方式。德育人文关怀的提出,可以说是传统德育向现代德育的重大转变,也为新时代德育的有效开展绘就了新的发展方向和蓝图,更是从传统德育向德育现代化转变的内在要求。此观点提出也是基于传统德育、近代德育与新时代的德育所处的大环境有很大的差异,自然会赋予新时代的德育工作新的使命和新的任务。

人本德育人文关怀的内涵是非常丰富的,审视、把握和阐释它的角度是多元的。此外,由于它的本质特征和属性决定了它也涉猎到人生的多样性问题,所以,对德育人文关怀的内容体系建构要从人的生存和发展视角去着手和斟酌,突出其对人生意义的探寻,尤其是对自我精神层面发展需求的高度自觉。可见,人本德育所体现的人文关怀不是支离破碎的瓦片,其内容是像盖

[①] 王明居.模糊艺术论[M].合肥:安徽教育出版社,1991:1-2.

一座房子一样的系统性工程,有蓝图、有规划、有方案、有人力、有实践。是一个人从只关心人的基本需求发展到对高级需求的追寻,由外而内,有低到高的向纵深推进的过程。因此,在"以人为本"的精神和以人的全面发展的目标的精神指引下,人本德育无论在内容体系建构,还是实践规划,都应该以尊重人、理解人、关心人的精神需要及其他需要为出发点,以丰富人的精神境界、完善人的心理、唤醒人的主体自觉和独立性为本质特征;以培养主体的道德水平和道德素质进而提升道德境界为核心内容;以建构人的精神世界和促进人的全面发展为终极目标。

(一)观照人的需求,满足基本期待

人作为人本德育的主体,首先表现出来的就是"我需要什么",而"他们的需要即他们的本质"[①]。现实生活中,每一个个体都有需要,而且需要的类型都有所差异,所以人的需要是千差万别的,同时也是有层次性的。马斯洛作为人本主义学派代表人物之一,他有一个著名的理论,即"人的需要层次理论"。在其著作《动机和人格》中,他提出人类生存和发展的内生动力是动机,动机的产生是以个体的需要为前提,人若没有需求,就不会迸发出行为动机。他提出了人类需要的五个层次,包括生理需要、安全需要、归属需要、尊重需要和自我实现需要。若再进一步整合划分,可分为基本需要和心理需要两部分。"基本需要"主要特指人的一些低层次需要,比如求生、安全、自尊等。人只有满足低层次

---

① 马克思恩格斯全集(第3卷)[M].北京:人民出版社,1960:514.

需要,才会去实现高层次需要的满足。但是立足各行各业蓬勃发展的今天,马斯洛的观点不一定完全能和今日的实际相吻合,但马斯洛关于人的需要总是在不断增长且需要满足的欲望越来越强的理念是非常符合今天的国情和社情的。

人的最基本需要是人的需要最基本的起点,人的精神世界的完善也是基于人的身体健康和健全基础之上的,换句话说,健康肉体的存在是开展道德实践的物质前提和基础。没有好的身体,怎能实现崇高的道德精神呢?总而言之,人类的德性培育的追求和开展德性的实践,都无法脱离开人本身的存在。同时,人的需要和动物的需要有本质的不同,前文所谈到关于人的本质理论的阐述也可说明,人是有精神、有道德、有人格的高级动物。但我们不否认人是从动物演化而来,尚带有和动物相似的身体欲望或情感欲望等基本需求。崇高的道德追求和人本身的最基本需求是不相矛盾的。

人有需要以及人的最基本需要是作为人必然具备的最基本的要求,也是人类开展实践活动并实现自我全面发展的前提和基础。人本德育的人文关怀首先要关照的就是人的需要是否满足。人本德育工作应该始终坚持人本原则,充分尊重人不同层次的需要,这也是人本德育诉诸人文关怀的最基本的功能。我们一直倡导在全社会要大力弘扬真、善、美,其中求"真"主要代表着坚定执着去追求和把握客观世界的物质性及整个人类社会的发展规律;求"善"主要代表以人文关怀的理念去满足人民群众的需求和社会发展的需要。当一个知识和认识越是符合辩证唯物规律和人类社会发展规律时,它就越科学。而人文思想不仅是知识体系,也是一种思想体系、价值体系。当这些人文思想是符合时代需求和老百姓的切身利益时,这个伦理体系就是善的,它的任何方面都是时代需求同向同行的。由此可知,德育作为一种人文关怀,符合人民群众的利益和期待,是人民群众感悟幸福、体验幸福的守护神,而不是拒绝人民群众而远之的政治工具。

不可否认,人类有不同的追求,人本德育的幸福价值追求是多层次的,包括物质关怀和精神关怀。物质关怀是满足人基本的生存需求的必然要求,马克思针对人的生存追求有具体的阐述:"我们首先应该确定一切人类生存的第一个前提也就是一切历史的第一个前提,这个前提就是:人们为了能够'创造历史',必须能够生活。但是为了生活,首先就需要吃喝住穿以及其他一些东西。因此,第一历史活动就是生产满足这些需要的资料,即生产物质生活本身。"[1]对个人而言,满足自己的生存需要是首要需要,决定了其对自我物质利益的追求,这是合理的且正当的。德育人文关怀要理解和尊重人的客观需求。但随着生产力的快速发展,不仅改善了人们的物质条件,更丰富了老百姓的精神生活,满足了老百姓与日俱增的发展诉求和对美好生活的期盼,这也是推动人的全面发展的必要条件。但是德育人文关怀所倡导的不是要人们单纯地生活在理想的王国里,而是要预防和警惕人们在经济蓬勃发展的形势下,生活逐步走向共同富裕的背景下,陷入金钱主义、功利主义或一些超越现实的幻想。德育人文关怀要引导人们从功利性的思想世界中走出来,去追求充满爱与包容、真诚与友善的精神世界。

在中国的传统文化中,也强调德性德行的培养,但是其更加

---

[1] 马克思恩格斯选集(第1卷)[M],北京:人民出版社,1972:263.

强调在思想和行为中要将欲望情感和理性精神结合起来。在儒家的思想世界中，人的正当情感和欲望是合理的，也是给予支持的，但违背社会伦理的动机和行为都是不可取的。孟子作为儒家代表，也倡导"富贵不能淫、贫贱不能移、威武不能屈"，强调人有欲望和需求是正当的事情，但要做到"富贵不能淫"，强调可以有味、声、色等给予自己的感官快乐，但必须要用仁德理念把握尺度，要用仁义礼智浸润自己的心田并感受生命的美好。道家同样反对纵容物质财富的欲望，若物欲过度则会玷污自己的人性和人格。但道家并不赞同对他物进行无条件抛弃，而是提倡学习如何处理好人与物的关系。也就是说，既不要轻易抛弃物，也不要被物所支配，坚持扬弃的立场，获取人生的幸福和快乐，实现自我的人生价值。可以说，传统文化中的这一思想，对新时代的德育人文关怀具有举足轻重的启发意义。

（二）提升精神追求，丰富心理世界

人的存在本身是需要具有对崇高精神世界的向往，而非可有可无。马斯洛的需求理论不仅揭示了人类的需要层次及实现需要的重要性，也揭示了追求自由发展、精神充盈、道德高尚、个性成长等方面需要的事实。可以说，有对精神生活的向往和追求是人区别于动物的重要标志，是人的社会性的重要表征。拥有精神生活是人类都具有的特性，或者称为类特性。人的思想总是基于现实又超越现实，人在思想和精神的指引下会形成服务人民、奉献社会的追求，而且会永远追寻更高的发展目标，实现更深更广的人生价值，实现社会的全面进步和人的全面发展。总而言之，人所固有的精神追求决定了人是一种不断接受挑战、突破和跨越阻碍的一种超越式存在，也正是在超越中不断刷新和验证了人的存在，并不断提升与社会、国家和世界相处的能力，进一步提高了人性发展的层次和境界。马斯洛通过运用心理学的方法刻画了人的精神需求的层次性、多样性和复杂性。第一层次需求也是最基本的需求，主要表现在对物质的追求和生理的追求，比如对男女之间性欲的生理追求和对饮食方面的追求，即人作为一种生命体而与生俱来的。人的第二层次需求是超越第一层次的更高的追求，主要表现为对权利、金钱、地位、名誉的追求，具体表现为努力想提升和扩大自我的社会地位和实现自己的社会价值，但这种追求的性质仍然带有强烈的物质性，精神性、道德性、正义性等表现并不明显。第三层次是超越前两个阶段的相对更高的追求，比如归属、地位、情感、爱等追求，是人们精神上更进一步的完满，寻求更长远的人生目的，人生的伦理价值也逐渐彰显。第四层次是对信仰的追寻。信仰是信念的最高层次表现形式，无论是人的美德还是人格信仰都达到了一个新的高度。最后也是最高层次即第五层次的心理需求，即将人生目的归为德性，这也是人生最高的归宿，是人类精神的最高层次追求。而人本身就如爬台阶，不断追求人的道德完满和理想的最高境界，这也是人类精神的最理想状态。可以说，人的一生就是在自我的探索和超越中发展自我的，但其中离不开德育人文关怀的观照。正是在德育人文关怀下，才使自己的行为有规可依，有道可循；正是德育人文关怀的观照，人才会不甘愿苟且而是确立更高的追求；正是德育人文关怀，才会让人跳出物欲的束缚而获得真正的全面发展；也正是因为有了人文精神的映照，才使人们不会受到物欲的影响而成为"单向度"的人，从而成就了一个全面发展的自己。

总而言之，因为有了在不断彰显的人性以及激发人对理想的不懈追求的状态，人的思想和行为才不会是盲目的或行无依归的，而是有了非常明确的方向和目的；因为有了心理和精神的双重观照，人才不会安于现状，而是不断突破陈规大胆探索；因为有了精神观照，人才会明辨是非，才不会成为因沉溺于物欲或被异化的"单向人"，从而获得自我的自由而全面地发展。

时代在发生巨变，整个国家的发展态势欣欣向荣，人们的生活水平都在向着高水平迈进。人们的需求也从单一化或简单化到多元化和丰富化，从满足刚需需求迈向满足发展性需求。因为国家高质量发展让更丰裕的物质生活走向每个家庭，当必要的物质需要得到满足后，就会迅速将目光投向精神生活的追求，且追求的动机和速度远远超过对物质的追求，充盈的精神生活已经成为人们日常生活中的必需品。所以，当今的人本德育工作要充分关注这一社会变化。也就是在人本德育过程中，要首先做到对人的尊重，但要引导学生对物欲有所节制或将人的物质欲望进行精神性阐释和提升，使学生不再以物欲主宰自己的思想和生活，而是要转变为一种高尚的追求和美的体验。只有每个人都是重精神的，才能实现中华民族的伟大复兴。

（三）恪守伦理规则，提升道德境界

人作为一个社会人，其全面发展不仅仅包括个人的智力和体力的发展，还不能忽视作为人应该具备的伦理尺度和价值尺度。也就是要求个体自身的道德认知和道德实践与高尚的道德相联系，并将高尚的道德境界作为必须具备的追求。苏霍姆林斯基指出："培养全面发展的、和谐的个性的过程，就在于教育者在关心人的每一个方面特征的完善的同时，任何时候也不要忽略这样一种情况，即人的各方面特征的和谐，都是有某种主导的、首要的东西所决定的。……在这个和谐里起决定作用的、主导的成分就是道德。"[1]"形象地说，道德是照亮全面发展的一切方面的光源，而同时它又是人的个性的一个个别的、特殊的方面。"[2]因此，道德修养是一个人人格发展的核心，也是人本德育和德育人文关怀的核心部分。

放眼全社会的发展，很多人将自我的经济利益或物质利益视作自己的终极追求目标或唯一目标，不可否认，这样的社会心态在短期内可能对国家经济的发展会产生一定的积极效果，但在全社会可能会造成人的自私和贪婪，人与人之间少了一些温情，多了一些利益冲突和隔阂。原本以为个人财富增多国家就能实现社会经济的发展与自我价值的实现，殊不知当原先所谓的"梦想"突然破灭的时候，骤然陷入迷茫，不知道自己为什么活

---

[1] 苏霍姆林斯基.论德育和全面发展[J].国外教育资料,1980(1).
[2] 苏霍姆林斯基.给教师的建议[M.]教育科学出版社,1984:159.

着。在国家进入经济高质量发展时期,如果把金钱和其他物质利益作为自己的终极追求或唯一动力,在很大程度上会造成人类伦理规范的失衡,最终导致社会和人的畸形发展。德育人文关怀就是从对现实中存在的问题着手,以改变或调整人的道德意识和培养人的伦理规范为出发点,重新塑造出与社会的伦理道德追求相一致的道德标准,引导人们恪守伦理规则,提升道德境界。哲学家冯友兰先生指出:"不同的人可以做相同的事,但是根据他们不同程度的理解和自觉,这些事对于他们可以有不同的意义。每个人各有自己的生活境界,与其他任何人的都不完全相同。不过撇开这些人的差异,我们可以将各种不同的生活境界划分为四个概括的等级,从低级的说起,它们是:自然境界、功利境界、道德境界、天地境界。"[1]这四重境界也是由低到高的递进过程。"自然境界"是接近于动物的自然属性,其关注的和追求的仅仅局限于一些低级境界,比如吃、喝、玩、乐,没有更高层次的行为追求。"功利境界"主要指一个人做任何事情的目的都是为了自己,并未思考和关注他人和社会的需要,没有把个人需要和社会需要统一起来,容易陷入利己主义的陷阱。"道德境界"特指将人生目的归结为奉献社会和国家的精神,因此也是一种高级境界,超越了以自我为中心的狭隘的利己主义,而是将自我的命运和国家的命运紧密联系在一起,但在一些情况下还是带有一点刻意为之的痕迹。"天地境界"是最高的道德境界,表现为人们的心中不只有个人,还有社会和国家。即认识到自己与天地宇宙是

---

[1] 冯友兰.中国哲学与未来世界哲学[J].哲学研究,1987(6).

一体的,比如"天人合一""万物共生"等,这是人生的最高境界。冯友兰先生的"四重境界"其实就是人的全面发展的过程,人越来越自由地与世界和谐相处,与周围人相处,这是道德境界下的自由,是人获取幸福的源泉。

因此,人本德育必须要反向激发受教育者的道德需求,使他们自觉通过自身的道德发展去体验个人幸福与社会、国家的幸福的关联。要培养学生提升助人为乐的品德,要在持续地为他人施与帮助的过程中转化为自己的内在精神需要,并从中获得属于自己的内心幸福和满足。孟子在《尽心上》中阐释了人生的三大快乐,即:"君子有三乐,而王天下不与存焉。父母俱存,兄弟无故,一乐也;仰不愧于天,俯不怍于人,二乐也;得天下英才而教育之,三乐也。君子有三乐,而王天下不与存焉。"[1]但是随着人们的物质生活水平不断提高,人类的精神世界也在不断地丰盈,人们对于美好生活的向往,已更多倾向于对崇尚精神世界的向往,人们对道德的追求以及对自我精神境界的提升,已成为主流价值取向。人们越来越重视自我道德境界的提升和对理想和信仰的追求。想从道德的追求和活动中得到精神的愉悦和享受,想在保家卫国、脱贫攻坚、乡村振兴、从军报国、支援西部等行为中获得自我肯定、自我完善、自我发展。德育人文关怀就是要引导人们提升道德认知,逐渐感悟到遵循道德规范或践行道德原则并不是对人性的一种束缚、一种限制、一种牺牲,而是我们真正去用心领会到认识道德和践行道德本身是个人获得的幸福、快

---

[1] 洪镇涛主编.孟子[M].上海:上海大学出版社,2012:191.

乐、自由、满足，并在崇高的精神享受中实现人生境界的提升和超越。

(四)构建精神家园,诉诸终极关怀

人本德育的终极使命就是要帮助人们构建起自己的精神家园,并引导人们确立终极关怀。所谓的精神世界或精神家园指的就是每个人的精神信仰和精神归宿。但构建精神世界并不是简单的问题,而是非常深刻和永久的人生哲学问题。若问何为精神世界,实际就是人们在内心建构的理想、信念、信仰。一个人没有理想和信念,也许会得过且过、不思进取;在实践中常常容易受本能反应驱使,无法把握属于自己的人生方向,实际意义上不可能获得自己真正的自由。若一个人是一个重精神的个体,有理想、有本领、有担当,有属于自己的精神家园,会感觉到人生的每一天都是完满的、充满活力和能量,有所期待、有所寄托,乐观向上,积极进取,人格完满,个性张扬,意志健全,在独立面对任何外界压力、挑战或困境的时候,能永远保持沉稳冷静的积极健康心态,并能体悟心灵的自由驰骋和解放。德育人文关怀就是要在人格的塑造中凸显构建精神家园的重要性,进而实现人的全面发展的终极理想。

国家和社会的各个领域都在与时俱进地发生变化,也许每个人还未真正适应当下变化的时候,新的变化已经出现。因此,人类需要特别迅速地调整思维和思想来应对挑战,对于精神世界的重构和整合,就显得如此紧迫。正如陈晏清所言:"人们从来没有像今天这样强烈地需要相对稳定的价值观的支撑,需要在

变动不定的世界里寻求到一定的精神家园。然而,生活世界的变幻不定,理想信念的迷失,又使人难以弄清生活的终极意义。人往往生活在渴望理解生活的最终意义,却又怀疑生活最终意义存在的矛盾之中,生活在因缺乏稳定的价值观念而对周围世界无所适从,却又必须做出明确的自我决定的矛盾之中。"[1]每个人其实都渴望拥有自己的精神家园,追寻属于自我的、能受自我掌控和把握的人生。若没有精神层面的向往和追寻,也许就失去了人作为人的社会属性本质。人之所以能成为人,就是要寻找自我存在的意义以及终极人文关怀。作为真实的人本身存在于世,不同于仅仅有自然属性的动物,仅仅追求生存繁衍、饱食终日。动物的幸福感来自自然属性的满足,而人的幸福感来自超越生存繁衍基础之上的对自我价值、社会价值等的实现和成全,是一个在实践中不断超越自我,直到成为一个充满意义和色彩的自我。赫舍尔认为,"人的存在从来就不是纯粹的存在,它总是牵涉到意义。意义的向度是做人所固有的,正如空间的向度对于恒星和石头来说是固有的一样"[2]。人作为一种高级动物,相较于动物固然是特殊的存在,人的本质决定了人不会轻易满足现有的境况,而是奔跑在不断实现自我超越的征程中,探索更丰富的世界,发展有更多可能性的自己,追寻自己的极限,赋予自己生命有限的意义和永恒的价值。这好似人本德育所追求的"终极关怀"。"终极关怀"是更长远或更终极的追求,也是人作为富有精

---

[1] 陈晏清.重建新世纪的价值观[J].中国教育报,2000.10.11.
[2] 赫舍尔.人是谁[M].贵州人民出版社,1994:46-47.

》论人本德育的幸福价值追求

神的主体所独有的一种更高的精神追求和精神落脚点，人生的意义和价值也就在于此。

"终极关怀"可谓人的最高层次需要，比如追求真正意义上的自由和幸福，也包括国家和社会对人的绝对意义上的关心、观照、帮助等。这种终极关怀不是盲目的，而是理智和情感相统一下的满足他人更高层次爱的终极关怀；这种终极关怀也是将满满的爱与崇高的责任感播撒在社会中有需要的地方；这种终极关怀也应该成为推动中国式现代化发展，经济、科技、生态、民生等共同发展的终极目标。

立足新时代，"终极关怀"必然是我们所需要的德育人文关怀的终极方向。首先，终极关怀应该指向人的生存的意义。终极关怀是对人的最终价值的观照，是对人生而为人的最高意义和价值的追寻，对人超越动物属性的高贵性、持久性和永恒性提供了思想支撑和实践支撑，也为人类的全部实践活动提供了合理性基础。其次，终极关怀指向人的精神世界。人本德育的终极关怀绝不是指向物质的或与物质相关的，而是直指人类的精神世界，具体而言即人的理想、信念和信仰的培养。信仰是信念的最高层次的表现形式。人作为一种有意识、有精神的生命存在，必然离不开终极关怀。最后，终极关怀不是对当下的消极反应，而是指向未来的，是对未来想要实现的理想的憧憬和美好的想象和期待，也激发人们提升发展动能，激发生命的能量去追求人生的终极意义和终极理想。

通过人本德育，作为教师应该引导学生深刻明白人生追求的生命意义分为不同的层次，钱穆、冯友兰、梁漱溟等哲学家都谈论过相关问题，他们认为人生目的的层次包括从生活到人的行为和事业再到人生归宿，即人生要归宿在德性上。冯友兰分为四个层次：自然境界、功利境界、道德境界、天地境界。最高层次的精神世界也是终极关怀，是个人发展的内在需要。也许生命意义正在于此。

人本德育要引导人们努力追寻人生的终极关怀，鼓励人们去追寻不同阶段的人生意义和人生境界，避免沦为只谈物质满足而精神空虚。要引导学生去思考为什么很多人一直在为物质生活富足而努力，但并未真正获得幸福，反而倍感精神的空虚和心理上的失落，其根本原因在于他们的实践目的和行为已经脱离了寻找生命意义的好的生活。读书或生活不是为了获得面包，而是要让面包味道更好。换言之，不仅要吃面包，更要思考如何让面包味道更好，思考生命的意义和价值，这也将成为一个人面对现实世界中的各种困境的一把万能钥匙。若一直找不到人生目的，也许会得过且过，不思进取，把宝贵的年华白白浪费掉。因此，脱离开终极关怀的生活，会造成人与人的疏离、与社会的疏离、与自然的疏离、与生命的疏离、与自我的疏离，最终丢失了生存的意义。所以，建构人生的终极关怀的根本目的，正如鲁迅所言：人们能够"骛外者渐转而趣内，渊思冥想之风作，自省抒情之意苏，去现实物质与自然之樊，以就其本有心灵之域；知精神现象实人类生活之极颠，非发挥其辉光，于人生为无当"。[1]总之，

---

[1] 鲁迅.文化偏至论[M].人民出版社,1981:54.

人本德育就是要让人们在有限的人生历程中构筑起自己的人文关怀,去尽情感悟和体验生活的意义和价值。若一个人想达到心灵和精神更自由的境界,比如人格独立、道德完善、精神自由等人生归宿,就必须要确立属于自己的人生指南,在实践和体悟中建构信仰,树立理想,强大意志,才能真正实现生命历程的和谐统一并健康发展。

五、以审美观照引领塑造善的心灵

(一)德育诉诸审美观照的依据

1.期待美、获得美、成就美是每个人的永恒追求

每一个人都有对美好事物追求的愿望,在人类早期,就已经出现了人们对美做出的诸多努力。比如他们自己手工制作一些佩饰、打磨石头、贝壳,只要他们认为是美的东西,都要进行再创造和再应用。从这些细小的举动和行为,足以证明在人类早期的时候对于美就有天然的向往和追求,这也是人区别于动物的典型特征。追求美是人类的本性和天然需求,也是在人类的不断进化中彰显出的人间奇观。在进入机械化时代后,人们在对美的不懈追求中,进一步认识到了"美"本身对个人生活的重要意义。达尔文曾指出:"对艺术爱好的丧失会引起心灵的另一部分能力的衰退。……事实上,失去这种趣味和能力就意味着失去了幸福,

而且还能进一步损害理智,甚至可能会因为本性中情感成分的退化而危及道德心。"[1]反映出在艺术领域,艺术家的创新动机不是对那些已经存在本身的追求,而是对尚未发现或正在发现的一些让自己感到美妙至极的精美的东西格外惊奇和喜悦。这些科学家的事例向我们展现了人必须要去追求美、超越美、成就美,这也是人的天性。

从古至今,人们追求美的历史源远流长,若要想了解审美意识从何时开始,我们要回到两万年前。从大众普遍认识而言,他们认为"中国审美意识的发端,最早可以上溯到距今2万年左右的山顶洞人,证据就是其遗址中出土了钻孔的兽牙、海蚶壳、小石珠、石坠等人体装饰物。装饰物的出现说明,人的着装不仅是为了保暖、遮羞、蔽体等实用目的,而且有了自我展示、自我表现的审美需要"[2],逐渐形成了传统社会范畴中的审美之需。到春秋战国时期,美逐渐在社会层面提升到了一个新的高度,审美教育也就提上日程。在封建社会里,思想家们逐渐将美置于一个新的高度,审美教育逐渐提上日程。"在这一时期,提出了'兴于诗,立于礼,成于乐','游于艺'的审美功能论,提出了'哀而不伤','乐而不淫'的中和之美的标准,提出过'知人论世,以意逆志'的审美批评(解释)论,提出了'君子比德'的自然美说"[3]。在此阶

---

[1] 转引自刁培萼主编.教育文化学[M].南京:江苏教育出版社,1992:85.

[2] 刘成纪.中国远古美学研究的若干问题[J].陕西师范大学学报(哲学社会科学版),2012(6):45-52.

[3] 胡建.中国古代美学思想的发展脉络[J].通化师范学院学报,2005,26(3):93-94.

段的人们,在特定的历史条件之下,对所谓"美是什么"做出了不同侧重点和不同角度的分析和阐释。跟随历史延续的脚步,近现代出现了像蔡元培等思想家,他们的思想融入了现代美学思想。直至今天,美的元素越来越多样化,人们对美的追求也更加积极、主动,已经将审美作为自我美好生活的表征。可见,审美已经完全润物细无声地融入日常生活中并达至自然的境界。追寻美可谓人类永恒的追求。

2.对善的追求和对美的需要是相统一的

美和善的统一是中国哲学的一个重要问题,让中国哲学的发展从仅仅追寻理性发展到追寻发现美和获得美的更高境界,而且引导人们将自我的人生价值和生命的终极意义提升到对至"美"之境的高度。"从维特根斯坦《逻辑哲学论》中'要给生命留地盘'到海德格尔的'诗意的思';从尼采的诗化哲学到马尔库塞的'审美之维',再到后现代哲学反从'物我二分'走向物我不分的直观想象的情感世界的趋向,这些都表明了一个明确的事实:美和善已不再分离,而是越走越近,我中有你、你中有我"[①]。善与美的统一在时代中的展现也证明了二者之强关联性,因为只有二者能真正统一,才能促进人的全面发展。也就是说,只有立足善与美的统一性理解,才能把握好人本德育的终极价值追求,才能立足人文关怀,设计出更符合人需要的德育内容。具体表现在三个层面。

---

① 罗超.美与善的融合——通往德性之路[J].道德与文明,2013(3):10-14.

其一，人对于善和美的追求是人的必然需求。从马克思对人的社会属性解读中可以看到，人们的任何实践行为都源自人们对于意义的追求，这也是人们开展实践活动的动力源泉。需要可谓人的一切行为产生的源泉，也是最重要的动力之一。人类社会的全部生活在本质上都是实践的，因此，人类对于美与善的追求都是人类需要的产物，并与人的实践活动相伴而生，也在实践中相伴成长，携手推动。善与美是人的需要层次的提高和升华。人的需要是多种多样的，但大致可分为满足生存的需要和自我全面发展的需要两方面。生存需要主要指吃、穿、住、用、行等，用于满足人类的基本生活需要。但人的需要又不止于对基本需要的满足，更有对人类社会发展的需求。善与美是对人类基本属性满足的超越，进而表现为对人与自然、人与人、人与社会关系的提升。可以说，善与美的追求把人类从生存的低层次的需求中提升出来，注入了更多的精神层面的需要。这些需要让人变得更完满而生动，也更鲜明地凸显了人的本质属性。张岱年认为："精神生活具有高于物质生活的价值。物质生活即满足物质需要的生活。精神生活即追求真、善、美的生活。"[1]其次，善和美是相互依存的。在生活中人们常说"尽善尽美"，其实就是要把心灵层面的内在的善与外在形式上的美统一起来，这才是最好的境界。西方学者将美与善视作是一种寓意和谐的思想，即美与善相互融通，共生共荣，最终提升人的道德觉悟，提升人的精神境界，促进人的全面发展。

其二，善是美的基础。只有将善作为美的基础，才能真正实

---

[1] 张岱年.中国伦理思想研究,南京:江苏教育出版社,2005:17.

》论人本德育的幸福价值追求

现合规律性和合目的性的统一。比如先进道德模范、感动中国人物、最美乡村教师等都是舍小家为大家,奔赴在国家和社会需要的地方,奉献自己的青春,甚至是生命。这种无私的奉献就是一种大善,这种善的精神底色即为美。传统社会中孔子和孟子都有相关阐述。在《孟子·尽心下》中提道:"何谓善?何谓信?曰:可欲之谓善,有诸己之谓信,充实之谓美,充实而有光辉之谓大,大而化之之谓圣,圣而不可知之之谓神。"充分体现出中华民族自古以来对理想之美的不懈追求。老子和庄子也认为无为而无不为是善和美的前提,因为善的终极追求是满足人民对美的主体性需要。由此可见,人本德育只有满足人们对于善和美的需求,才能实现真理尺度和价值尺度的统一。

其三,情感是美与善实现共振的动力,情感是连接个体的美与善的桥梁。人的所有主动的行为都是在情感和意志的双重动力下推进和开展的,因此,情感可谓是人的直接行动动机。人本德育必须要建立在情感共鸣的前提基础之上,才能找到触动学生内心最深处的需求。"我们所谓审美或艺术的活动,在它的过程中或直接结果中,有一种情感因素——艺术中所具有的情感大半是愉快的。所以审美活动本身就是一种目的,并非是要达到它本身以外的目的而使用的一种手段。从这一点上看来,审美活动所表现的恰恰和常被我们当作手段用的那种实际活动相反。"[1]关注美、欣赏美是一个人情感的真实映照,既丰富人的精神生活,也创造了充满激情和能量的生命力,让人的生命更有价值。

---

[1] 格罗塞.艺术的起源.蔡慕辉译.[M].北京:北京商务出版社,1986:38.

若美缺失了情感,这种美只能停滞于外表,缺失了美应有的光芒和生命力。所以,拥有情感是实现美的核心内容,借助美可帮助人们实现自我的人生价值和理想。由此可见,美要能打动人、感染人、激发人、震撼人,就需要融入情感因子,可谓情感连接起了美和善的桥梁,也打通了教师与学生之间的心理通道,实现了真正意义上的立德树人。当我们立足今日的学校德育或学生的获得感,可以生成几个反思,比如人本德育是否把学生视作鲜活灵动的生命体存在,是否在用真挚饱满的情感与学生共生共享,是否关注学生的个体感受力差异,是否将教育停留于盲目输出空话、大话以及所谓的大道理等。若新时代德育工作仅仅停留在空洞的说教,那人本德育的"人本"就已暗淡无光。所以,要改变这种情况,人本德育必须要植入情感,充分尊重个体的感受、意愿、情感等,发挥学生的主体性和能动性,激发学生的融入热情,才能让德育工作融入学生生活,融入学生思想,融入学生的实践。

总而言之,美与善在情感上实现的同频共振为开展人本德育提供了实践根据。因为美与善的交融在实践过程中产生的力量,足以让我们相信对美的追寻和实践,是完全能够实现人本德育对主体生命的关注,对心灵的关注和对人成长和全面发展的关注,最终实现人对美与善的追求。

3.对善和美的追求是实现人的全面发展的核心条件

人本德育的终极价值追求即人的全面发展。对美与善的追求指引着人们朝着实现人的自由自主和全面发展迈进。人在追求美的过程也是主体性彰显的过程,也是在不断获得自由的境界。人本德育的诗意性其实就是一种美的展现,这种美不是表象美或外在美,而是人们摆脱束缚后的自由的美。善从广义上理解就涵盖了善的动机和善的行动。追求善的过程是人们建立在合规律性和合目的性相统一的前提下，一方面，能满足自己的需求，即合自己的目的，另一方面，只有在合规律性下才能实现人的终极目的。人生而处于各种各样的社会关系中，只有在多重关系中能正确处理好我与我的关系、我与他人的关系、我与自然的关系、我与社会的关系，才能真正在复杂的关系处理中获得思想和精神解放，进而获得人的全面发展。因此，美与善的终极意义就是实现人的自由，在自由的王国里不断完善人、超越人，构筑起充满诗意的精神家园。

（二）人本德育中的审美观照

人本德育中的审美融合是一种以悄然无声的方式将美的理念、精魂、境界等贯穿到德育全过程的方法。德育审美观照的终极目标是实现人的心灵净化和心灵重塑。这种心灵的净化是在德育过程中得到教师的引领或自我的体悟，然后运行和延伸的。因此，人本德育的审美观照需要从教育者和受教育者、教育环境、教育的全过程、教育的内容和教育的终极目的去规划设计，达到直击学生灵魂深处，使之去思考生命的意义和价值。

1.坚持循序渐进、潜移默化的原则

人本德育的审美观照顺应学生身心发展规律，坚持循序渐进的原则，是教育过程中应遵循的教学规律和学生成长的规律。潜移默化是指一个人的思想、认识、态度、情感等方面在受到各种内外部因素的影响下所产生的不知不觉的改变。在中华传统文化中就提出过要坚持教育上的顺其自然，避免强行施加，提倡根据孩子们的成长规律,包括生理发展、智力发育、性格特点等进行教化。所谓强扭的瓜不甜、拔苗不能助长。由此可知,在古代社会的教育中,已经意识到潜移默化的审美意义,这种美不仅遵循了孩子们的成长规律,也符合人的全面发展规律。所以,人本德育的审美观照就是将"美"贯穿于教育的每个环节和阶段,进一步提升学生的德性感悟能力,达到心灵的净化。具体需要处理以下几对关系。

其一,人本德育要坚持知识的理性与德性的感性相统一。

人本德育的直接价值目标即培育和提升人的德性。德性的养成不是一人一地一时之功,而是需要长期的反复训练和自我反省的过程,所以德性和德行的形成是感性认识和理性认识的经验共同作用下的结果。因此,借助审美观照的方式开展德育,就必须要坚持知识的理性教育和德性的感性教育相统一。但在现实的德育过程中表现出来的是感性和理性背道而驰,不仅教师的教学有问题,学生学的态度也存在问题。学校层面根据教育部要求,开设了相关课程,相关教师也给学生讲授课程内容,学生也不知其所以然地听了课程。但是纳入教学计划的课程仿佛并未提高学生对善和美的追求,只是完成了教育部要求的规定动作,学生的获得感和幸福感并未明显提升,值得我们反思。首先,在教材的内容编订上,在遵循一定的学科逻辑和学习、认知规律的基础上,教学内容或理念的输出一定要和学生的认知水平、学生的实际生活相联系,寻找一些贴合学生学习和生活实际的感性材料和理性材料。的确,在传统的德育教科书中,概念和原理占据比较大的比例,但缺少了一些让学生产生共鸣的文字和感性材料。所以很多教材缺乏情感的韵味,也会在一定程度上降低教材阅读的吸引力。试想一本教科书全是文字行文,没有穿插一些故事、典故、诗词、图片等,必然造成可读性不强,吸引力大打折扣。所以针对不同阶段的学生,应该有针对性地撰写生动活泼、意义鲜明的内容,这会在一定程度上实现德育潜移默化、润物细无声的效果。其次,在人本德育的教学方法上,要有理论的内化式讲解,让学生在理论之美的体验中和学习中有获得感和饱腹感。但在现实的教学过程中,教师仍然存在理论说教,缺少了与学生的眼神互动和情感共情,造成教师无目的地讲,学生缺乏情感地听,直接影响了人本德育的效果。因此,德育的过程应该调动教师的情绪和情感去唤醒学生,构建起教师学生德育共同体,进而实现德育的价值。最后,在教学评价过程中,应该坚持点与面、感性和理性相结合,不建议一味地关注成绩的量化,更要关注学生在学习过程中的获得感、幸福感、成就感等。

其二,人本德育要坚持过程的普遍性与特殊性相统一。

人本德育的特殊性是指不同的教育对象、教育内容、教育环境、教育资源、教育方法和手段等。人本德育的普遍性是指德育教育的知识目标、情感目标和价值目标的一致性和统一性。在实际的教学中,教材中的重点内容和必讲内容是规定动作,是必须要完成的教学任务。但德育的方法创新、延伸拓展,在具体的教学过程中应坚持情境性。但是,在当前的德育教学中,依然存在着唯书唯教案,教学模式、教学方法、考核方式等仍然比较传统,立德树人的目标并未实现。人本德育的人文关怀借助审美的方式,应充分关注学生的真实生活,并以之作为依据设计出符合时代要求和与学生生活息息相关的真实场景。比如全面建成小康社会、推进中国式现代化、实现科技自立自强等。但在运用情景开展德育过程中,要为学生分析和解读当前的场景,可以通过官方的视频或插图、漫画、影视等,引导学生更直观地走进设定的场景中,也可以设置情景让学生参与进来,参与的过程就是对学生潜移默化的德育过程。

其三,人本德育要坚持育人情境的差异性和同一性的统一。

在德育过程中,应该结合具体育人的具体情境和学生群体的整体特征而选择有针对性的教学内容、方法。同一性主要指人本德育的指导思想、基本原理、教学目标等是一致的。人本德育幸福价值追求要坚持育人情境的普遍性和特殊性相统一。一般而言,在教学内容、重点难点、基本原则等方面具有普遍性与恒定性,但在人本德育的方法、手段、实施过程等方面,需要在坚持普遍性的基础上坚持特殊性。但在当前的人本德育中存在的现状是,教师用的都是统一的教材、统一的教案、统一的评价标准、统一的考核办法,最终并未实现预定的目标任务。其主要原因在于,在教育过程中没有做到求同存异,忽视了学生的认知水平、情感价值、知识基础、个人偏好等。因此,在人本德育中引入人文关怀,就是要求教师主动设计情境,并根据时代发展变化和学生的认知发展水平,继续创新情境,让每个学生都成为课堂的主体,尊重个体的差异性。也正是差异性,才给了教学更多的启发性思考,教师做到以学生为本,激发每位学生表达自己的想法并不断给予激励。例如以黄文秀为案例设定情景,再结合电视剧《大山的女儿》作为支撑,以时间轴推进的逻辑,通过黄文秀从读书到职业选择所经历的内心的变化,去与学生分享,引导学生理解她的每一次选择背后的故事和初心。这个过程也许不能通过一次或几次就能让学生产生强烈的反思,但只要始终顺应学生的认知、情感、意志的发展规律，一定能让学生不仅积极主动地参与其中，而且在德性德行的教育中产生潜移默化的效果。

其四，人本德育要坚持关注主体、内容和方法之美相统一

人本德育作为独具美感的体验，强调以审美的方式实现德育的目标，且审美渗透要贯穿到德育的全过程，坚持审美渗透的全方位、全过程、全系统的理念，把人本德育视作一个相互联系、相互制约、相互协助的系统。只有将审美融入主体层、方法层、目标层，人本德育的人文关怀才能真正落到实处，才能真正让学生感受到德育人文关怀的真、善、美及其幸福的价值。

2. 关注人本德育的主体之美

人本德育的主体广义上包含两个方面，一是施教的教师，二是受教的学生。在以往的德育中，往往忽视了德育对象的主体性，导致在教育过程中受教育者一直处于被教育、被内化、被灌输的地位，而到底学生需要什么，学生想听到什么或想通过什么方式学到自己想学的内容却容易被忽视。人本德育诉诸人文关怀就是要打破教师对学生的单项式灌输，而是突出教育过程中的双主体。进入新时代，教师的育人理念和学生的学习理念也随之发生深刻的变革，教育过程更加注重发挥学生的积极性、主动性和创造性，努力培养孩子们的发展潜能，不断提升人的价值、不断满足人的需求，不断丰富人的精神世界，不断挖掘人的巨大潜能，并且不断培养学生的个性。人本德育的人文关怀强调教师与学生的双主体，教师的美与学生的美相互渗透融合极其重要。

其一，挖掘教师的美。

教师作为德育工作的引领者，首要的即以德立身立教。但在传统德育中，人们往往忽视教师的德性发展，仅仅局限于教师有

没有提升学生成绩、能力等，这就失去了人本德育的意义和价值。教师作为德育的主导角色，作为学为人师、行为世范的引领者，只有集聚人格完善、德性健全、幸福乐观、修身养性的品行，才能真正从人的世界观、人生观、价值观和幸福观等层面对学生产生美的感染力。

教师的美应该是什么样的？至真至情至善的教师才是最美的教师。"至真"代表着教师坚持对真理的追求，虽然对真理的追求是漫长的等待，心中所属、心中所向也许极其艰难和漫长，也许会遇见荆棘丛生，但对美的追寻始终如一。人本德育离不开对马克思主义理论的探索和追寻，一条路需要用一生去漫步，需要用一生去建设，需要一生去守护。一名"好教师"一定是以学为人师为基础，以行为世范为归宿。"至情"主要指教师的育人要满腔热情，饱含炽热的情感，用心灵与情感的碰撞与学生产生共鸣。情感和情怀像一条生命线，激励教师以满腔的热情和对教育事业的情怀履行教育的使命，全身心地投入教育的全过程，不抱怨、不轻言放弃。将德育工作当成是人生的伟大事业，不断完善自我、发展自我、完满自我，不断追求更高的人生境界。今日的教育的确给教师带来不小的压力和负担，但正是因为有困境或瓶颈，才有了自我的突破和提升。若教师一味考虑自身的工作困难，热情和动机必然会极大地减弱，消极懈怠，那就无法实现对学生德性和德行提升的发展目标，造成无实际意义的教学。很多人说当老师就是一个良心工程，专注与否，用心与否，用情与否都直接决定了能否指引学生的成长成才。所谓"至情"，首先要热爱教师这个职业，热情是调动自身投身教育行业的情感基础，也是激发教师在工作中不断创新、进取的核心推动力，并在热爱

论人本德育的幸福价值追求

中求真务实地对待教育中的各种问题和矛盾。其次要不断追求真理,以对真理的敬畏之心影响和感化学生。人本德育的人文关怀强调求真、求善、求美,求真是实现善和美的基础。因此教师在教育过程中要时刻保持求真精神,以如饥似渴的态度去提升自身的理论功底和真才实学。最后要满怀对生活的憧憬和希望。教师要引导学生准确认识当今的物质生活和精神生活之间的关系,要以一种积极、宽厚、乐观的态度融入生活,引导学生去感悟生活,发现生活,并构建属于自我的精神家园。"至情"的教师在教育过程中以积极、乐观、进取的态度去面对生活中的闲杂琐事,进而实现师生之间的双向奔赴。"至善"主要指德育教师自身的道德素养和道德境界。《大学·中庸》说:"大学之道,在明明德,在亲民,在止于至善。"[1]人本德育的人文关怀目标即引导学生最终达到至善的目的。但至善不仅仅是针对学生的要求,开展德育的教师首先要做到至善,行为世范。学生的思想乃至一言一行在很大程度上受到教师的影响,尤其是教师的道德境界、善行善举,都是潜移默化影响学生的典范。教师的至善首先体现为教师的理想信念,始终忠于奉献,积极弘扬和践行社会主义核心价值观以及中华优秀传统道德。其次表现为具有高度的责任感,始终能以崇高的使命感和责任意识督促自己和要求自己,严谨治学,甘于奉献,为学生树立时代的榜样。再次,教师要有仁爱之心。没有爱的教育就失去了教育的灵魂,教师应该以仁爱之心与学生拉近距离,把自身的思想和情感与学生的生活交互融通,让

---

[1] 洪镇涛主编:大学·中庸[M].上海:上海大学出版社,2012:6.

每一位学生都能愉快地享受美好的生活。最后,教师要有创新精神。中国的科学技术发展迅速,信息化技术在教学领域的运用愈加普及,新技术、新知识、新方法、新手段层出不穷,教师若在教育中依然停留于传统的教学模式,就无法满足学生的学习需求,达到育人的效果。教师作为育人的引领者、奉献者,他们除了自身的努力外,全社会都应该给予应有的尊重和理解,营造全社会尊师重教的氛围。

其二,发现学生的美。

学生作为德育过程的主体,其主体美也是人本德育的育人目标和落脚点。学生的美是外在的美和内在美的统一,可具化为外在美和内在美。外在的美包括容貌、皮肤、体形、表情、行为等;内在的美包括知识底蕴、精神丰盈、德性高尚。这些具体美的类型中起决定作用的是,是否拥有内在对美的追求以及是否学会了拥有幸福和传播幸福的能力。人本德育的人文关怀需要通过审美的方式,以更好的文化精神和道德精神去感染学生、净化学生,让他们学会如何获取幸福,如何关怀他人。能做到既能找到幸福又能传播幸福的学生就是"美"的学生。以往德育的目标大部分仍然停留于知性德育上,或育人的方向主要倾向于如何学会和自己之外的其他人、物、事进行相处,与外界建立联系。但从心理学上讲,认知自我、观照自我、发展自我是一个人成为更完整的人的必要条件。不会对自我诉诸人文关怀的,也就无法建立起与国家、社会和他人的关系。因此,人本德育的人文关怀从审美意义上讲,就是只有让自己成为拥有幸福与美的主体,才有可能与世界建立更广泛的关系。

论人本德育的幸福价值追求

人本德育对幸福价值的追求,需要从以下几方面着手。一是帮助学生理解和把握正确的幸福观。对于幸福,每个人都会给出不一样的答案,这种差异性取决于人处于人生中不同的阶段、不同的环境。幸福作为人的一种主观的情感体验,"你幸福吗""你认为什么是幸福"等答案因人而异。全社会所推崇的正确的幸福观是减少唯物质论,避免过度依赖于物质,而是要增加对拥有完满精神世界的渴望和向往。物质固然是人生活的必需品,因为富足的物质生活是人成长和发展的经济基础,但当个人把追求物质作为人的核心目标时,人自然会逐渐被物质所奴役。因此,人本德育的重要目的就是要引导学生明白物欲需要把握好度,人对物的管控要有主动权,在物质富足基本达成后,要适当对物的需求做减法,才能给自身精神世界的提升留好空间。同时,要关注学生的精神世界。不轻易破坏学生个体固有的独有天性和灵魂,因为天性里蕴藏的是一个人的独特气质和精神追求。二是要引导学生寻找幸福和体验幸福。很多时候我们会说"身在福中不知福",对学生而言亦是如此。学生面临繁重的课业负担,失去了休闲娱乐的愉悦时光。但德育教师要引导学生认识到人人都追求自由和幸福,当下的学习是为未来的幸福人生之路添砖加瓦的过程,是在为未来的自己创造更好生活的过程,当前的幸福属于奋斗,未来的幸福属于生活。正如在沙漠里,只有去努力地寻找水源才能发现水的珍贵,德育亦是如此,你只有珍惜当下艰苦奋斗的时光,才能体验到幸福。三是要引导学生学会关怀。人本德育的核心价值追求即对学生的关怀。这既是教育的需要,也是时代发展的现实要求。当今世界的确面临诸多危机和挑战,任何一个国家都无法通过保全自己而促进本国的经济发展和提升世界地位，而是需要站在人类整体发展视角去分析和面对这一人类大问题。1989年，在北京召开的联合国教科文组织"面向21世纪国际教育研讨会"上，出台了《学会关心：21世纪的教育》的相关文件，在文件中郑重地提出青年人要学会"关心自己……包括关心自己的健康、关心自己的家庭、朋友和同行，关心他人、关心社会和国家的社会、经济和生态利益，关心人权，关心其他物种，关心地球的生活条件，关心真理、知识和学习"[①]。人本德育就是要通过审美渗透的方式，让学生学会关怀自己、关怀他人、关怀社会、关怀自然等。

从德育理论转化为德育实践过程，需要做到三个层次的关怀。首先要关怀自己。关怀自己其实是自我认知的过程，比如对自我的外在形象、社会地位、价值实现等的评价和定位，若对这些问题持消极和悲观态度，在情绪和价值上就容易走向极端。在现实生活中或网络新闻上能看到一些学生做出轻生的举动，其实质是对自我认知和评价远远未达到自己的预期，没有建立起对自我的认同感机制。人本德育的审美观照就是要帮助学生培养自我的内生动力，培养积极向上的人生态度，最大限度挖掘自己的潜能。有时我们需要反思，"如果你看看周围形形色色的人，你就会发现，有些人比你更杰出，那不是因为他们得天独厚，事实上你和他们一样好……他们比你更加自信，更加有勇气。仅仅

[①] 王啸.教育人学——当代教育的人学路向[M].南京：江苏教育出版社，2003.

是这一点,就决定了事情的成败以及完全不同的成长之路"。①因此,人本德育要引导学生逐渐转化对自我的认知并培养自我认知的习惯,学会积极地关怀自我。其次要关怀自然。人类的生存离不开自然,自然环境可谓人生存与发展之基础。国家强调对大自然要有敬畏感,因为若人类无限制地破坏自然,必定会造成严重的生态环境问题。人本德育的审美观照呼吁人类要尊重自然,敬畏自然,感悟到大自然对人类的馈赠以及价值,最终构建起人与自然和谐共生的格局。最后要关怀社会和他人。国家发展的速度日新月异地向前推进,带动了人们的生活节奏加快。再加之信息化、网络化的普及和蔓延,人与人之间的心理距离仿佛愈来愈远,仿佛从熟人社会转变为半熟人或陌生人社会,人与人之间少了一些问候和关怀。人本德育的审美观照要引导学生学会与自己之外的其他人相处,从关心家人、朋友到关注那些素未谋面的熟悉的"陌生人",营造一种"公义胜私欲""德不孤,必有邻""老吾老以及人之老,幼吾幼以及人之幼""兼相爱,交相利"的和谐氛围。

3. 关注人本德育的内容之美

人本德育的内容不是随机设定的,而是秉持德育培育的精神去设定德育的方向。德育作为立德树人的铸魂工程的一部分,必须要重视德育的内容之美。因为内容承载着人本德育的人文精神,也蕴含着人本德育的培养方向。因此,人本德育工作应该高度重视内容的设定。关于内容美的标准,笔者认为可以从以下几方面思考。

---

① 李开复.做最好的自己[M].北京:人民出版社,2005:97.

其一,要开展生命教育。因为人作为生命的存在,生命的价值彰显和实践反响决定了开展生命教育的重要性。只谈人本身而不谈生命、离开对生命的关注的德育是片面的,不完整的。每一个生动鲜活的生命都需要诉诸德育去体悟人的生命价值是什么,我准备如何在有限的生命历程中创造不朽的功绩。

其二,学生的成长是一个动态变化的过程,因此,教育的内容也应该结合学生的身心发展和成长规律进行更新修订,如果只是同样的内容恒定不变,没有做到因地制宜、有的放矢,德育的效果也会大打折扣。

其三,关注学生当前所处的时代环境。学生的学习和成长必然是处在一定的大环境中并受到潜移默化的影响。因此,教学内容也要强调认识和把握"当下"的现实存在和对人的意义,再根据不同时代所赋予我们的新机遇做出相应调整。而且德育工作的归宿是服务社会,若脱离了这根弦,德育的有效性和必要性自然会遭受质疑。因此,人本德育应该主要从生命德育与生活德育两方面进行。

一方面,开展"珍惜生命,成就生命"教育。人本德育是诉诸对人生命关怀的教育,通过多方位和多层次引导学生认识生命的本质和理解生命的价值,反向实现人本德育对美的追求。生命之美首先体现在对自我的客观合理的认知,形成对自我的高度认同。认同是自我或本我对客观"我"的确认,对自己而言也是最简单、仿佛也是最难的确证。因为很多学生会因为自身的外貌形象、成绩、地位、交友、智商、情商等方面对自我做出悲观消极的态度倾向,甚至有可能做出一些极端的行为。这就是对现实自我和理想自我出现偏差的时候产生的认同度下降的结果。但为

论人本德育的幸福价值追求

何我们不能利用逆向思维去思考呢?"我是世界上最伟大的奇迹,我是独一无二的生命体,让我们昂起头,对着我们这颗美丽的星球上无数的生灵,响亮地宣布:我很重要。"[1]正是因为每个人都是独特的存在,世界才会是多元化的、丰富多样的存在。每一个个体独特的美构成了全世界、全社会的多彩缤纷的繁华盛景。因此,我们在人本德育的过程中,首先要用一些生动形象的案例来引导学生确认自己的美的内容。需要在德育内容设计中融入一些让学生学会认识自己的内容,比如通过看"镜中我""对象中我"和"我中我"等活动。"认识你自己"作为苏格拉底的至理名言,影响深远。这是能够赋能精神力量的关键所在。因此,在人本德育的内容体系中,需要包含能让学生正确认识美的内容及其重要性。此外,生命德育要关注人的生命价值。人的生命长度是有限的,但人的人生意义和价值是无限的。无论何时,在生命德育中可以借鉴让路人填写人生表的事件,通过填写人生表,相信每个人都能感受到生命的短暂且珍贵。生命的短暂和人生价值的永恒,给予我们的深刻启示,即在短暂且有限的宝贵生命里,拼尽全力实现自我的意义和价值。同时,需要尤其关注自我价值和社会价值实现之间的关系协调。人的自我价值是自我确证自己的存在,且能进一步走进社会,为中华民族的发展奉献自己的青春。

人本德育的幸福追求尤其强调生命德育。首先,要引导学生感受到自我的生命价值。学生对自我价值的定位和评价直接影

---

[1] 毕淑敏.我很重要[M].吉林:时代文艺出版社,2010.

响个体对未来发展的美好憧憬和奋斗的激情与动力。对即将走向社会的当代大学生而言更重要。但我们会发现,学生每天时时刻刻不离开手机,成了手机的奴隶而不知,其根本原因就在于没有理想信念,没有追求。看似很轻松很愉悦,其实质是消磨了获得幸福和愉悦的钥匙。所以在如此环境下教师要引导学生去思考如何去实现自己的人生价值,成为胸怀民族、国家和人民的新时代大学生。人本德育的人文关怀就是要引导学生转变方向,并朝着更加积极向上的方向去发展,这样才能实现自我价值和社会价值的统一,进而帮助学生在此过程中感受到奋斗之美和前进的力量。总而言之,人本德育需要根据社会审美的需求进行内容、理念、方式的设计。德育教师也要积极关注国家的发展以及在此背景下一些有关"生命价值"的内容,从中精选出符合学生年龄和学情阶段的与生命相关的故事和其他资料,让学生感受到生活中处处有德育因子,潜移默化地内化于心外化于行。

另一方面,要开展诉诸生活的德育。人本德育的幸福价值追求的基础是生活。因此,人本德育在追寻幸福价值的过程中要坚持回归学生的生活世界。即在学生生活的真实环境中尊重人、理解人、鼓励人,给予学生人文关怀及满满的幸福感。所以,人本德育要在学生的日常生活中寻找美,发现美,让德育工作与生活中的美紧密相连。在具体的德育实践中,应该尽力做到以下几个方面。首先,无论从教科书上还是实践中,要引导学生明白守规则的重要性。众所周知,对任何人而言,守规则是人生最畅通的路。缺乏道德对自我行为的制约,我行我素,只考虑个人利益而漠视他人和社会的利益,终究会受到道德的谴责和法律的制裁。因此,德育工作是培养学生从心所欲而不逾矩的信念感。在行为前

》论人本德育的幸福价值追求

要先考虑有可能出现的结果性质，才能选择合理妥当的行为。比如学生在过马路时是否会不自觉地闯红灯，是否在公交车上给年迈的爷爷奶奶让座，是否在公共场合能做到尊老爱幼，是否能遵守每个公共场所赋予自己的行为规范等。人本德育既是培养学生德性和德行的主渠道，也是营造和谐社会的重要的教育途径。其次，挖掘生活中的德育之美。广义的生活不仅是充满理性之光的，更充盈着人文艺术的色彩。生活本身就是艺术，因为生活中有音乐、美术、舞蹈、绘画、体育等，这些艺术形态的精神之魂离不开生活。因为艺术源于生活又高于生活，容易与人产生情感和心理上的共鸣。所以，新时代的人本德育也要充分发挥丰富的艺术形式呈现的作用，但需要注意的是，德育中的艺术形式运用和艺术类课堂中的艺术体现是有区别的。人本德育的艺术之美是要"以美化人""以美感人""以美动人"。通过德育的艺术浸润，帮助学生培养发现美的习惯。再次，人本德育要诉诸爱的教育。教育本身看似是传授知识，其实是教师在充满爱的教育里传播爱、践行爱。爱是人文关怀的重要理念，充满爱的教育也是从情感层面立德树人的过程。陶行知先生曾说：教师要有"捧着一颗心来，不带半根草去"的关爱学生之心，并潜移默化影响学生去学会爱自己、爱家人、爱朋友、爱社会、爱自然。当人本德育通过审美的方式传递爱、传递幸福的时候，学生健康的心理和高尚的人格也自然会形成。人本德育的初衷恰恰就是传播爱与善，引导人们回归生活去追求生活最本真的样子。

4.人本德育的方法之美

从上文可知，人本德育本身就是对传统意义上灌输式教育的超越，最突出的表现即教育不再是不考虑教育对象需求下的唯理性知识灌输和无条件的强行输出，而是在关注人的精神憧憬，是更加关注人的主观能动性和内在精神动机的培养，是更加关注受教育者的真实需求和获得的情感体验，是更加关注人的心理情感需要来提高人的道德意识、道德自觉，培养人的道德信念并开展自身的道德实践。

其一，参与式学习。

参与作为课堂教学活动的经典形式，始终在各类教学中发挥着举足轻重的作用。著名教育家陶行知先生特别强调"行是知之始"，任何事情只有经过参与和实践，才能客观判定对象的性质。生活中有诸多清晰的表现，比如"烫了手才知道火是热的；冰了手才知道雪是冷的；吃了糖才知道糖是甜的；碰到石头才知道石头是硬的"[1]。正所谓知是行之始，行是知之成。蔡元培先生也有相关的论述："盖阳明之所谓知，专以德性之智言之，与寻常所谓知识不同；而其所谓行，则就动机言之，如大学之所谓意。然则即知即行，良非虚言也。"[2]因此，人本德育应该坚持知行合一，学生只有在一定的道德认知基础上开展实践，进而在道德实践中进一步完善道德认知，才能真正实现道德追求善的目标。所以，学生的全方位参与对学生的美的获得极其重要。比如演唱会能让歌迷全身投入其中，去参与尖叫和呐喊，去感受淋漓尽致的音乐盛宴；美术类学生通过走向大自然，与大自然环境有效互动

---

[1] 王尚义主编.陶行知教育思想教程[M].中国科学文化出版社,2009：336.

[2] 蔡元培.中国伦理学史[M].南京：江苏文艺出版社,2007：124.

产生灵感,创作出高质量的作品等。这种参与体验的方式会潜移默化地融入一个人的生活习惯中和实践中。参与本身就是一次难能可贵的体验,因为参与能让学生身临其境去感受所学内容的价值和精神,这是对人心灵的美化,也是德性养成的必要基础。我们倡导人本德育要融入生活世界,带领学生去感悟生活,践行道德。具体需要从以下几个方面着手开展。

首先,精心设计和构建教学目标。德育教师在设计中要做到方向明确,让目标有很好的针对性,既有短期目标,也必须要有长期发展的目标。因为人本德育的实践活动是教学过程中的关键一环,有明确的目标指引实践教学的开展,才更有针对性和时效性,学生学习的获得感才能更扎实、更厚重。在现实的德育中,存在有目标但并未按照教育目标去执行,教育的目标并未很好地完成。其次,重视和激发学生的主体性和参与性。在德育实践中,学生是实践的主体,具体的事件环节可以让学生自己去设计、规划、组织、开展,教师在其中发挥主导功能,把握实践的方向即可。尤其在新时代,大学生很多都是独生子女,容易被娇惯,且在家庭中很少有兄弟姐妹一起合作完成一些事情,存在自主性、独立性较弱,依赖性较强,更需要德育教师给学生创造更多的机会解放他们的双手和大脑,充分发挥其自身的主观能动性,使其最终确认自己作为主体本身的价值。比如引导学生体验盲行的游戏。一位女孩儿失去了母亲,极度崩溃,她认为如果母亲还在她会有更美好的生活。但通过在一位老师的互动课上体验了盲行游戏,有了改变。起初,她对牵着她手的人感到害怕,因为她不知道自己要到哪里去,感觉生活在了黑暗的世界里。但当光明再次呈现在她的眼前时，她顿悟到了：失去母亲固然让我悲伤，但还有很多人在爱着我，陪伴着我，我并不孤单。她逐渐自信、乐观地面对生活。最后，做好教学的有效反思。教学反思是教学过程中极为重要的一环，没有教学反思就无法更好地改进和提升教学。教学反思包括对教学理念、教学方法、教学改进和提升等几个方面。教学反思，其实质就是对自我教学的一次自我革命，比如教师带领学生团队前往贫困山区进行扶贫调研的实践活动，大家亲眼看到和了解到当地村民的生活状况，包括收入情况、居住环境、医疗水平、交通状况等，让学生真正感受到山区百姓的贫困程度，感受到大学生为什么要为人民服务，为什么要奉献社会。学生只有做好对德育实践活动的深刻反思和反馈，才能将反思的结果转化为奉献社会的动力。

其二，对话交往式学习。

人本德育中的对话是充分尊重人的主体性的一种重要方式，也是体现教学过程的双主体的方式。当前很多高品质的电视节目都是以对话的方式进行，主持人不仅要与座谈嘉宾对话，更要和台下的观众对话。这是一种民主精神的体现。在今天的教育大环境中，对话也日渐成为教师与学生去探索和实践的一种有效的方式，尤其在一些经济发达的地区，体现得更为明显。他们的课堂已经不是"教师—学生"的单向式教育，而是以学习小团队的形式开展对话和讨论，甚至小团队还开展一些相关研究。如此民主和自由的对话环境，恰恰就体现了今日人本德育的方法之美。

具体的操作过程中需要做到：一是坚持对话主体之间的平

等地位。在教学中无论是师生之间的对话还是生生之间对话，都应该坚持平等，平等的对话表现了人与人之间的关系之美，也体现了人本德育对幸福价值的追求。二是在师生交往过程中要体现充分的互动交往。互动包含着价值理念的互动、情感的互动、行为的互动、表情的互动等。且互动的过程应该是充满意义和趣味性，这样更能加强教学过程的趣味性和意义，也能适当提升教学过程的吸引力。三是鼓励学生与自我对话，开展有效反思。苏格拉底的至理名言"认识你自己"其实就是自我与自我对话、交流和反思的过程。这种对话不是简单的自言自语，而是对自我的反思和自我革命，是一种自我革命式的思维模式。认识自己永远是一个人发展的起点，也是人本德育发展的起点。比如教师要反思自己是否在人本德育中坚持人本理念，是否使教学始终都是以学生为中心，是否遵循学生的认知、情感、意志、行为的培养发展规律，是否尊重了学生的需求，是否体现了德育的人文关怀，是否调动了学生学习的积极性。

其三，丰富学生体验。

人的一生中都在不断地体验，但每一次体验都是独特的，也是极其珍贵的。人本德育首先要引导学生关注"此时的我"和"未来的我"，通过"此时的我"去展望"未来的我"，这是对未来自我的美好瞭望与期待。这一时空的转换和超越，其实质就是精神世界的超越，学生的内心不断地富足，精神不断地充盈，可以发现美并获得美与幸福。其中的运行机制是"审美活动立足于人的现实的生命活动，它经历着由现实生命体验转向用审美超越的眼光来体验生命，更在对生命本真的领悟中求得感通与感发生命的整个流程,其以'生命'为本根、以'超越'为指向和基本框架"。①以上述基本框架为基础开展的人本德育,一定是追寻人的幸福的德育,也是关注人的生命意义的德育。可见,人本德育对幸福的追求是永不放弃的追求,也必然要关注学生的最本真的存在。

鉴于学生的丰富体验源自丰富的现实生活,决定了德育的内容也要观照学生的显性生活,这也决定了人本德育的内容选择要紧紧围绕当代学生的实际生活,去探索学生成长的世界,挖掘他们关注较多的事情或一些事物,比如学生最近在关注哪些好看的影视作品,喜欢去哪些类型的旅游景区游玩,日常生活中他们玩什么游戏,他们对学习的认知和态度如何等,进而获取一手资料,这都是提升学生幸福价值的重要方式。并且,德育教师要重视教学设计,尽可能创设多样化的情境并具有可操作性,以便让更多学生能走进设定的场景中去身临其境地体验并获取幸福感和获得感。人本德育的课程每一节课总是有时间的节点,教师更应该在有限的教学时间内给予学生更多的指导。对于高校学生而言,体验的过程一定是有周密计划和周全把握的,不能草草开始草草结束,否则就失去了体验的意义,未实现体验过程的真正意义。我们要把培养有理想、有本领、有担当的时代新人作为德育的方向,敢于挑起大梁,勇担重任,成长为国家所需要的时代新人。

---

① 陈博海. 论生命体验美学及其建构 [J]. 社会科学战线,2011(8): 123-124.

§ 论人本德育的幸福价值追求

六、加强心理辅导,塑造幸福价值

众所周知,一个人所追求的幸福价值与个体的心理健康状况息息相关。或言之,心理健康是实现幸福追求的重要方式。心理辅导的主旨理念是"助人者自助"。所以,人本德育要坚持以学生为本的理念,密切关注学生的共性和差异性,努力培养学生健康的心理,塑造学生健全的人格,丰富学生的情感,培养学生的品质,成就学生的生命价值。

(一)心理辅导的意蕴

关于心理辅导,很多学者或心理学家都从不同角度阐释过其概念。如著名心理学家罗杰斯提出:"心理辅导是一个过程,其间辅导者与当事人的关系能给予后者一种安全感,使其可以从容地开放自己,甚至可以正视自己过去曾否定的经验,然后把那些经验融合于已经转变了的自己,做出统合。"[1]其主旨是想表达一个人的心理问题需要受咨询者将以往的经验进行整合,在经验的统筹协调过程中形成一个新的观念,逐渐驱散不好的情绪。也有学者认为心理辅导就是引导辅导对象调整对自我的认知,形成正确的自我认知、情感和意志,并学会接纳自己、欣赏

---

[1] 林孟平.辅导与心理治疗[M].香港:商务印书馆,2000:7.

自己、肯定自己和包容自己,充分施展自己的才华,丰富自己的情感世界。由此可见,心理辅导从本质上讲是助人自助的过程,不能与医院的心理诊疗相对等。学校的心理辅导更侧重于对学生的发展性辅导,是培养心理健康的新时代的青年人,使学生的情感协调、意志健全、人格完善。而且学校的心理辅导还要根据不同学习阶段的学生的生理和心理发育的规律制定辅导计划。总之,学校的心理辅导就是要积极帮助学生能乐观地看待生活和学习,学会悦纳自己、肯定自己、控制自己,勇敢接受一切困难和挑战甚至是失败,充分挖掘自我的潜能,传递正能量,进而实现人本德育对幸福价值的追求。

(二)人本德育诉诸心理辅导的幸福价值

心理辅导直击受辅导者的心灵和情感,是走进受辅导者的心理世界的重要方式,也是实现人对幸福价值追求的精神动力。它遵循人本理念,尊重人、理解人、关心人,其辅导理念与人本德育高度契合,相得益彰,美美与共。人本德育中的心理辅导蕴含着丰富的人文关怀的幸福因子,培养学生的情感、态度、价值取向和崇高的追求。

首先要培养生命意识,成就生命价值。众所周知,人的生命是短暂的,更是珍贵的。守护生命、成就生命是每个人的梦想和追求。但作为大学生,在如何正确认识生命和绽放生命时,却出现了诸多误区,有人甚至孤注一掷地走上歧途。比如在全国很有"影响力"的云南大学马加爵的事件,其教训和教育意义直至今日依然未减。马加爵作为云南大学的一名学生,因在宿舍与同学

》论人本德育的幸福价值追求

打扑克时发生口角诱发了杀人事件,而且蓄意连续杀人,最终法院将其判处死刑并执行。"据不完全统计,近年来,我国高校在校大学生自杀人数逐年上升,2004年为68起,48人死亡;2005年,达到116起;2008年是大学生自杀事件高发年,仅全国直属高校就发生63起大学生自杀事件,分布于13个省38所高校,达到历史顶峰"[1]。近年来,在全国范围内频繁出现大学生轻生事件,大学生之间因为自身的心理问题、宿舍矛盾以及对自身的现状极度不满等问题,出现故意杀人或故意伤害他人的事件。究其原因,在于学生具有严重的心理问题,思想偏激,理想模糊,价值扭曲,情感冷漠。大学校园里设立的心理咨询室为学生解决心理困惑,为何还会出现这些极端恶劣的行为?这需要深入思考。人本德育包含着生命教育,引导学生要正确认识生命的珍贵性,让学生去挖掘生命的意义和价值。这也正是德育的价值所在。换言之,心理辅导是为学生创造幸福心理的重要路径,透过心理辅导,"唤醒人们的生命意识,珍爱生命;引导人们追求实实在在的生命意义,过好每一天;帮助人们从'工具'状态中解放出来,生成、拥有健康美好的生命,成为天然自发、天然情真的自我实现之人"。[2]人本德育就是要唤醒学生对生命本真的认识,激发学生珍爱生命、奉献生命、成就生命的意识和精神。

其一,引导学生珍惜生命、热爱生命。人的一生都在追寻生

---

[1] 吴艺.生命教育视野下高校心理健康教育再构[J].教育与职业,2010(17):66-67.

[2] 燕国材.值得倡导与实践的生命教育再议[J].中学教育,2003年(8):6-9.

命的本质和真谛,但也许用尽一生也很难完全把握。既然生命是什么我们无法全面把握,我们为何不去探索生命的意义呢?也许由于在今日的校园里仍然缺失生命教育或死亡教育,学生对生命意义的认识和理解是匮乏的、单调的,这也是学生陷入心理危机的重要原因。比如有的学生觉得读书很无趣,生活暗淡无光,就会受到外界蛊惑而开始吸毒或赌博;有的学生不知道每天应该做什么,无所事事,就容易陷入网络游戏陷阱而无法自拔;有的学生存在自卑或消极情绪,最终选择自杀或犯罪。比如云南大学马加爵、复旦大学林森浩等。因此,人本德育应该秉承生命至上的理念,引导学生树立正确的生命意识和生命智慧。人每天或者总是在追寻生命意义的前提下而活着的,即使经历困顿和迷茫也是暂时的,要看到生命的价值是无限的,进而引导学生走出思想的困境,找到自我活着的价值。

其二,激发学生对生命敬畏的情感。每个人的生命只有一次,而且生命是有长度的,是有限的。在马克思看来,人和动物的最大区别在于人是有意识、有情感的高级动物。一个完整意义上的人是纷繁多样的情感的凝结。学生憧憬美好生活,离不开对生命的忠诚情感,只有这样才能以积极、豁达、阳光乐观的态度去面对生命。但我们可以发现,在当今的校园里,很多学生表现出来的是沮丧、软弱无力,对人生没有愿景和畅想。这种颓废之感让我们看不到他们的生机活力以及他们对生命的美好想象。对学生而言,对生命富有饱满丰盈的情感离不开丰富的人生体验,需要走进生活去认识大自然、认识他人、认识特殊群体、认识社会等,才能真正体验到生命的来之不易,以及生命为何"诚可贵"。"体验不到生命活力释放的快感和意义所在的人,就不可能有积极主动的表现,而愈是感到生命的可贵与美好,人就愈会热爱生命并使生命表现出最大的意义。"[1]所以,德育工作一定要让学生走进生活,给学生提供体验生活的空间和场域。在生活的实践中,人本德育才有强大的感染力和吸引力,体验其社会角色,感受这一角色赋予自己的责任和使命,只有这样,学生才能理解生命的意义。

其三,培养学生正确的生命行为选择。众所周知,人的生命是极其宝贵的,对待生命应该要秉持顽强拼搏的意志力,进而将坚韧的意志力转化为实践行为。生命之所以有意义,是因为人赋予了生命独有的价值,并通过实践行为展现出来。每个人的生命只有一次,自我的生命自己做主,自己负责,我们肩负起承担实践生命的使命,生命的意义自然大放光彩。而且生命行为的实践是需要培养一种好习惯,若教师没有好的引导,学生没有很好的自控能力,极有可能产生学生酗酒、打游戏、赌博、色情等情况,不仅浪费时间,也自然将生命的意义置之不顾、妄自菲薄。如果学生拥有正确的生命意识,心怀自己的短期理想和长远理想,有明确的价值追求,养成了良好的生活学习习惯,就会转化为学生实践的动力和指引。所以,人本德育要培养学生自我管理、自我监督、自我控制、自我激励、自我引导、自我修正的能力,筑牢学生的生命观,关注自我的健康,开展健康的实践活动。

其四,培养学生坚韧不拔的坚强意志。意志本身就是一个人

---

[1] 张曙光.生存哲学——走向本真的存在[M].昆明:云南人民出版社,2001:316.

生命系统中不可缺少的且能迸发人的精神力量的心理基因和精神基因。在生活中,每个人都会面临各种挫折、不幸或挑战,但不同的人会用不同的心态去面对困境。比如有的学生会消极颓废,自暴自弃,但有的学生会将其转化为自己行为的动力,从容面对,重整旗鼓,进而顺利渡过难关。还有一些意志力相对比较缺失的,即使走出困境,也会随之丧失。巴尔扎克曾说:"世界上的事情永远不是绝对的,结果完全因人而异。苦难对于人才是一块垫脚石,对于能干的人是一笔财富,对弱者是一个万丈深渊。"[1]学生在自己的学习和生活中肯定会遇到各种各样的困难,教师要引导学生认清事物的本质,并在实践中感悟解决问题的智慧和收获。心理辅导的功能就是引导学生学会自助,充分挖掘学生的潜能,调动学生的行为,鼓励学生从点滴小事做起,在解决各类问题中总结经验和智慧,体验生命的意义,开启新的人生之旅。

(三)诉诸心理辅导,培养学生的积极思维

积极思维会赋予人们积极正确的方向,也能赋予人们更多的正能量,对提升人的精神追求和获得幸福感具有重要的意义。在人本德育引领下的心理辅导更强调人本理念,始终从学生的实际情况出发,遵循学生的个性和性格、习惯、爱好等,指导学生从不同侧面去合理分析问题和解决问题,培养其乐观的心态和

---

[1] 转引自王东莉主编.德育人文关怀实践论[M].杭州:浙江大学出版社,2015:132.

处理问题的态度。同时，心理辅导还要时刻关注学生内心的屏障，积极在心理辅导中破除原有的心理屏障，形成破壁效应，最终使乐观、热爱、奔放像一道光一样照耀其心房。

其一，形成积极归因，乐观认知现实。积极思维看似是情绪的体验，其实从本质上是认知能力。不是所有人的认识都是正确合理且乐观的，这就需要借助于专业心理辅导，有针对性地对归因加以引导，使辅导对象能将积极、进取、乐观的态度融入自己的思维中。有的人认为乐观与悲观是天生的，是无法改变的，这种观念是不正确的。个体是消极的或积极的，基本都是在社会实践的总和中形成的。所以，一个人能否乐观或怎样变得乐观都是后天所得。换言之，一个人是乐观胜于悲观抑或是相反，都是由自己决定的。通过自我不断地在实践中去体验、揣摩、调整、改变，并有针对性地培养和学习，是可以将悲观转化为乐观的，其中的关键在于如何归因。归因的取向直接决定了人生态度。

对于提升学生幸福感的人本德育，可以通过合理情绪疗法去引导学生调整不合理的认知，进而改变情绪，让积极的思维模式占据生活的主流。作为心理辅导的教师，可以运用合理情绪疗法，针对咨询对象进行详细的了解，合理并准确地对受访者的心理问题进行归因。合理情绪疗法认为，人的很多情绪都是由于自身的不合理或不正确的思维、信念而引起的，不合理的信念必然会带来不良的情绪。主要包含以下四个阶段。阶段一，在心理辅导初期，辅导教师首先要与咨询对象建立起一定程度的信任关系，这样有助于受咨询者放下很多戒备而愿意听辅导教师去讲说。在辅导教师和被咨询学生之间形成一定程度的信任感之后，进一步了解受访者的来访需要、准备解决的核心问题、拟解决的方式及目标。阶段二,在第一阶段信任关系稳定建构基础上,帮助咨询对象认识不良情绪产生的真正原因以及这一情绪背后内含的不合理信念。阶段三,自我辩驳和领悟阶段。这一阶段主要是辅导教师针对上一阶段受访者仍然迷茫和不解的问题进行辩驳,帮助受访者对发生事件的来龙去脉进行全面分析,引导受访者将心中的不合理信念转变为合理信念,并要求在日常学习与生活中反复练习,最终让受访者真正认识到自己存在的不合理认知误区,并在未来的人生中学会与消极思想进行辩驳,形成合理认知。阶段四,继续巩固教育阶段。辅导教师针对前期学生的学习成果进行加强巩固,包括思想层面和实践层面两个方面,进一步巩固前期针对合理思维与合理情绪疗法的成果进行巩固,并将所习得的获取幸福感的心理辅导方法运用到日常的学习和生活中,在日渐巩固中改变原有的情绪管理思维模式,建立起稳定的情绪和良好的行为。

其二,塑造积极思维,体验积极情绪。众所周知,积极的认知和思维直接影响积极的情绪,积极的情绪也能反向促进积极思维和行为的形成。且无论是积极情绪还是消极情绪,都会直接影响甚至决定一个人的行为。不过"积极情绪具有完全不同的适应价值,当个体在无威胁的情境中体验到积极情绪时,会产生一种非特定行动趋向,个体会变得更加专注且开放,在此状态下,产生尝试新方法、发展新的解决问题策略、采取独创性努力的冲动。积极情绪通过促使个体积极思考诸多行动的可能性的过程,从而拓展个体的注意、认知、行为的范围"[1]。换言之,积极情绪有助于人们去尝试更多的可能性,打破思维定式,进而产生更多的行为选择和变化。由此可知,积极的认知有助于改变情绪,亦有助于改变人的思维模式,使行为有多重可能。

在具体的人本德育中,一方面要引导学生体察自己的情绪。一个人的情绪是一种主观体验,同时伴有生理上的反应。比如考试失败了,内心体验是自责、痛苦和难过,做任何事情都没有精神,软弱无力。这也就是所谓身心和谐与否的问题。但教师要引导学生将每一次生成的情绪进行命名或定义,比如这一情绪是快乐的、悲伤的、笃定的、犹豫的等等,能及时对自身的情绪反应做出相应的判断,就更有助于定性情绪的性质,为情绪管理和调节奠定基础。另一方面,面对情绪要理性看待,相信情绪是暂时的,不是永久的。好的情绪可以留存很久,也可能会很快消退。所以,当一个人的负面情绪太满的时候,千万不要逃避,而是要通过一些宣泄,如唱歌、运动、享受美食、安静读书等进行适当宣泄,当负面情绪逐渐减少时,积极的情绪自然会占据心理更大的空间,甚至逐渐占据情绪的主导位置。

综上所述,积极思维和积极情绪是双向奔赴的关系,二者相互作用,要逐渐引导学生提升自我认识自己的情绪、管理自己的情绪和调节自己的情绪。当突发事件出现时,要引导学生将负面情绪调节为积极的思维模式,促进自我的发展。

其三,破除固有心智模式,重建主观世界。每个人都有固有的心智模式,比如长期坚持不太理性的、反规律的理念而自己却

---

① 高正亮,童辉杰.积极情绪作用:拓展—建构理论[J].中国健康心理学杂志,2010,18(2):247.

没有想办法挣脱出来。其实人的一生中最可怕的就是陷入泥沼无法自拔却盲目不知。而且我们在自我意识的发展以及人的发展进程中，最大的危险不是源自外在的竞争，而是我们自身存在而不知的心智模式。这些心智模式会直接影响个体如何认识这个世界、国家、社会，如何认识自己，如何思考，如何实现自我的人生意义。有个故事是这样说的：在一条狭窄的山路上，一个货车司机正在爬坡，已经开了三个小时，他有点昏昏欲睡。就要到坡顶的时候，迎面来了一辆车，车上的司机伸出头来，伸手指了一指，对他大喊了一声："猪！""呜"的一声，两辆车擦肩而过。他的瞌睡一下子醒了，他马上伸出头，冲着车的背影大声骂道："你他妈的才是猪！你们全家才是猪！"他得意地回过头来，看看前面的下坡路，天啊，一群猪！他刹车不及，结果掉沟里去了。[1]迎面过来的司机其实是好心地提醒，但货车司机却认为是在骂他。究其原因，是货车司机的思维定式，他会针对一个本不敏感的词或字而任意延伸出很多距离本意甚远的意思，这就属于非健康的心智模式。日常生活中，很多人都会根据自身所谓的经验或固化的想法去处理外界信息。比如老师上课一直叫我回答问题，老师一定在针对我让我出丑；有些人有过被小猫抓伤的经历，生活中一看到猫就要躲藏；小时候父母离异，长大后抗拒婚姻等。但为什么有些人面对上述问题会有不同的反应，主要源自自身的心智模式。虽然我们生活在同一个世界，但看待世界的视角有很大

---

[1] 古典.拆掉思维的墙：原来我还可以这样活[M].北京：中国书店，2010:47.

的区别。可以说,每个人对世界、人生的看法,都带有或多或少的滤镜,把自己所看到了或者经历过的不好的经历进行加工,构建起自己的精神世界,认为这就是自我的内心世界。这一过程反映的是一个人的心智模式。

一个人的心智模式形成是自己所处的时代、环境、经历、教育等决定的。它虽然是在以往的人生经历中形成,但其影响的是一个人未来的人生和命运,就如同很多人说:我出生之后就知道自己未来会是什么样的生活一样。若是对未来心怀希望,那也许会努力奋斗;若是自暴自弃,则会消极怠惰。在人本德育下的心理辅导中要引导学生减少对自己身处环境的过度担忧和忧虑,而是要努力改变自己的心智模式,反思过去留给自己的经验启发,改变当下的命运。这就是心理辅导的意义和价值。

【案例展示与分析】

咨询师:小宇,谁让你感到生气、愤怒或失望,为什么?他有哪些地方是你不喜欢的?

来访者:我对某某感到很生气,因为他打游戏大吼大叫,影响我休息。

咨询师:这是真的吗?

来访者:是真的。

咨询师:当你有这个想法时,有什么感觉?

来访者:很生气。

咨询师:那当你没有这个想法的时候,你会是怎样的人呢?

来访者:很平静。

咨询师:那请问,你觉得你的感受或情绪取决于什么呢?

来访者:取决于某某打游戏大吼大叫影响我休息。

咨询师:某某打游戏大吼大叫是事实还是想法?

来访者:事实。

咨询师:小宇,这个世界上的人和事都是客观的,只有人会赋予人和事件意义,你仔细想一下这是事实还是想法?

来访者:好像是想法。

咨询师:很好,事实是什么?

来访者:某某打游戏这件事。

咨询师:好,面对某某打游戏同样一件事,这个世界上会不会有人和你有不一样的情绪和想法呢?

来访者:有。

咨询师:嗯,那请问为什么别人会有和你不一样的情绪和想法呢?

来访者:心态好的人觉得无所谓吧。

咨询师:好。这个世界上有因果法则,一个原因对应一个结果,比如苹果种子只能种出苹果,不可能种出梨,这个同意吗?

来访者:同意。

咨询师:如果生气的情绪是果的话,原因是什么?

来访者:某某打游戏这件事。

咨询师:面对导致你生气的原因,那么按照因果法则,面对同一件事,所有人都应该是同一个结果——生气。可是你刚刚也说了世界上并不是所有人面对这件事都会生气,心态好的人觉得无所谓,不生气。可见,面对"某某打游戏"同一件事却有不同的结果。"某某打游戏大吼"与情绪反应"生气"并不是一一对应的因果关系,说明"某某打游戏"这个事实并不是导致你生气

《论人本德育的幸福价值追求

的真正原因。理解吗?

来访者:理解。那么真正的原因是什么?

咨询师:问得好。我们看到事件和情绪并不是一一对应的关系,所以事件并不是导致情绪的真正原因,但是想法与情绪是一一对应的关系。你看当你有"某某打游戏大吼大叫影响我休息"这个想法时,你很生气,心态好的人有"无所谓"的想法时也就不生气,说明……

来访者:说明想法是情绪产生的原因?

咨询师:聪明!

来访者:那没有这个事情我也不会有这样的想法?

咨询师:嗯,很好的问题。前面我们说过因果法则吧,那我现在问你,要种出苹果需要什么?

来访者:阳光、土壤、空气等,还有种子。

咨询师:嗯,很好。是不是没有种子,我们肯定种不出苹果啊?

来访者:对。

咨询师:在这个过程中,给种子以助力的阳光、土壤、空气,我们称作助缘。你的想法就好比这粒"种子",而这些外在的人和事就好比是阳光、土壤、空气,一样是助缘,他们进入我们的生活里,因缘巧合,"种子发芽",我们随即产生了情绪,我说得清楚吗?

来访者:哦,也就是说某某是助缘,而我的情绪来自我的想法,我生气的原因在我身上。

咨询师:太棒了!

来访者:原来如此,有道理,明白了。那想法来自哪里呢?

咨询师：想法来自我们的心智模式。

来访者：什么是心智模式？

咨询师：我们的文化背景、教育背景以及我们所处的家庭环境和社会环境等因素，均会影响我们产生的世界观、价值观等，就是我们的心智模式。

来访者：也就是说导致我生气的原因并非某某打游戏这件事，而是我的想法，而想法来源于我的心智模式，对吗？

咨询师：总结得很到位嘛。

来访者：老师，谢谢你，今天让我看到了情绪的真相。原来我生气不能怪别人，而是自己要对自己的情绪负百分之百的责任啊！

咨询师：不客气。接下来，让我们继续探索，看看有没有更多的可能性，可以吗？

来访者：好的。

咨询师：好的，请你做一个反向思考：某某对我感到生气，因为他打游戏大吼大叫影响我休息，你觉得有这个可能性吗？

来访者：不可能。

咨询师：嗯。再仔细想想有这个可能性吗？当你觉得他打游戏大吼大叫影响你休息的时候，你是不是很不开心，你自己是否也在他面前会表现出不满呢？那他心里是不是也不舒服呢？

来访者：好像有的。我不跟他说话，有一次让我帮他带饭我也没带，他可能也很生我的气。这么看来，我也有错……"①

---

① 王东莉.德育人文关怀实践论[M].浙江大学出版社,2015:290-292.

从上述心理辅导的案例可知,通过心理辅导,教师一环扣一环地对受辅导者开展了一系列问题的交互问答,看似是简单的一对一交流,实则整个过程都是建立在以人为本的基础上,让受助者能去回忆、体悟、反思、醒悟,让学生深刻理解心理辅导的反向思考的意义,有助于反驳自身的前期认知,松动前期的固化思维,给自己留出更多思考和想象的空间。

七、搭建数字德育环境,延伸幸福空间

近年来,国家高度重视教育的现代化,推进教育的高质量发展。教育的数字化运用和推广就是其中极其典型的表现。加拿大著名传播学家埃里克·麦克卢汉认为:"一切技术都具有点金术的性质,都倾向于创造一个新的人类环境。"[1]这是一个基于丰富多彩的生活世界基础之上的新环境。它满足着人类的各种未知与好奇,改变着周遭的一切,包括人类的生活态度、生活方式、思维习惯、追寻路径乃至精神层面的价值观念。人本德育就是基于学生的生活,既包括触手可及的现实生活,也包括独具魅力和想象的生活空间。可以说,数字化环境是德育空间的外延化、人文关怀的生活化、幸福渗透的广泛化。

---

[1] [加]埃里克·麦克卢汉.麦克卢汉精粹[M].南京大学出版社,2006:363.

（一）高质量人本德育数字化的优越性

人本德育数字化是国家的科技水平高速发展并与德育高度融合的必然结果，这不仅代表着人本德育在教育时空上的拓宽延展，也代表着人本德育的教育理念、方法、模式都正在发生翻天覆地的创造性改变。但这并不意味着对传统德育工作的质疑或推翻，而是要适应国家教育发展新动态，从理念上对传统德育作根本性的创新和超越。高质量的人本德育就代表着拥有非常先进的人本德育理念、方法和目标，高质量的教学过程，高质量的内容体系和实践体系，高素质的教师团队以及教学背后的德育科研团队等。就当前国家发展形势而言，德育数字化转型是未来发展的必然趋势，而且会在德育的实践中更加精细化、系统化、人性化，进而实现立德树人的目标。

1.德育数字化战略是落实高质量人本德育的必然要求

国家层面曾印发了《数字中国建设整体布局规划》，其中尤其鲜明地提出了要大力实施教育数字化战略，为教育现代化提供强大的精神动力。人本德育作为中国教育的重要组成部分，同样必须紧跟国家的思想精神指引，紧紧抓住数字化技术发展为德育带来的前所未有的平台和空间，准备接受新的挑战。人本德育高质量发展的教育体系可谓德育数字化的核心问题，在实施过程中，既要做到帮助学生的人格完善和道德人格健全，同时还要准确把握数字化发展对德育工作提出的新要求和新期待，进一步探索和加强人本德育的内容体系、育人方法、实践策划，使之与新技术高度融合，进而更好地实现学生数字德性素养的提升。

2.德育数字化是实现德育现代化发展的必然要求

中国式现代化的发展内蕴着教育现代化、德育现代化的发展。新时代人本德育的现代化不是唯科学技术或信息技术的现代化,而是以人工智能、互联网等为代表的现代化。新时代的德育要紧跟数字化时代的发展要求,就需要适应时代的发展节奏,不断运用众多的新技术,如大数据、云计算、人工智能等。2023年,中国教育部部长怀进鹏在《数字变革与教育未来——在世界数字教育大会上的主旨演讲》中指出:"中国构建智慧教育平台体系,聚合起高质量、体系化、多类型的数字教育资源,为在校学生、社会公众提供不打烊、全天候、超市式服务,极大地推动了教育资源数字化与配置公平化,满足了学习者个性化、选择性需求,更为全民终身学习提供了强大广阔的数字支撑。"[1]最终在德育过程中实现对学生数字化思维的培养,培养出更多的能适应时代发展的、能积极参与或融入智能化社会的新时代的优秀人才。

3.德育数字化也是人的全方位发展的需要

今天的时代是数字化的时代,若不紧跟时代发展的步伐,就会在思想和行为上落伍掉队。因为数字化时代,人的全面发展是多维空间下的发展,而非仅仅停滞于现实存在中的延展。面对数字化的发展态势,要加强学生的数字道德素养、数字理性素养、

---

[1] 怀进鹏:数字变革与教育未来——在世界数字教育大会上的主旨演讲[N].《中国教育报》,2023年2月14日第1版.

数字法治素养等的全面发展。唯有如此,人的全面发展才更加完满。但是,在人本德育数字化过程中,不可避免会出现科技伦理问题,所以在教育过程中要引导学生树立健康意识、安全意识、法治意识,时刻管控自我的思想和行为,能做到行为有度。只有这样,学生才是数字化时代需要培养的道德高尚的优秀人才。

(二)人本德育数字化的鲜明特征

高质量德育体系最主要的表现形式即通过"线上"平台与"线下"课堂互动开展,可谓现代德育发展的重要趋势。人本德育数字化是"适应现代化,人的现代化发展要求,在社会现代化,人的现代化过程中实现的"[①]。由此可知,德育数字化是德育现代化的重要指针,是今日德育与未来德育发展的必然走向。总之,网络德育的发展使校园内形成一个"数字化亚教育圈",不断改变着人们的学习思维、学习习惯、学习目标、学习情感,最终影响一个人的现实生活。

1.数字德育的开放性和交互性,为学生提供了更为自由、自主的学习机会,拓展了学习、生活和交往的空间

开放性是数字德育的最典型特征,它的目标人群小到特别指向本校全体师生,大到覆盖国家的各个省份、市区的学校,甚至学校体制外的社会和家庭,目的是让全国相关的各学校、各单位、每个学生,都可以无条件地远程获得由其他学校提供的或分

[①] 班华.世纪之交论德育现代化建设[J].现代教育论丛,1997(1).

享的宝贵资源。在开放性的数字化环境中,每个人作为独立的个体,都可以拥有自己的话语权,发表自己的言论,但言论一定是合规律性与合目的性的统一。来自全国各个地区、不同职业、不同性别、不同理想、不同价值观、不同情感需求的人们,透过数字化平台,与来自各个地方的人们展开丰富的相互交流、相互了解、情感输出、随机反馈等,使独立的、甚至不相联系的个人和观点衔接在一起,碰撞出新的火花。

交互性也是作为数字人本德育区别于传统德育的重要特征。数字德育很好地避免了因距离太远而丧失的分享交流的机会,也为开展校际合作提供了可能,弥补了课堂和现实交往中的各种局限,真正为学生,或者说为"人"这个主体打造了超越距离感、约束感和紧张感的交往空间,"创造了'师生交流,亲密无间'的新态势"[1]。同时,交互式的网络其实就是一个供分享、交流、反馈的公共空间,极大地丰富了师生之间、生生之间的交往模式,提高了学习效率。

数字化平台的开放性和交互性,超越了传统课堂德育的封闭性和单向性,它为学生提供了更加自主和灵活的学习方式。没有了资源的限制、时间的限制、空间的限制,有的只是学生更大的选择空间。自由、灵活的选择体现出的是数字化德育过程中师生之间的信任和理解,它相信每个学生都能学会"自在""自为"

---

[1] 杨敏.微信对大学生思想政治教育的挑战及应对策略研究[J].思想理论教育,2012(6).

地学习,都能主动把学习当作一种乐趣,而不是负担;当作一种成长的责任,而不是命令式任务。对学生而言,这种自由、自主、自在、自为的学习是快乐的、幸福的。

2.数字德育的隐蔽性和趣味性,满足了学生的好奇心和学习兴趣,丰富了学生的网络生活

数字德育与传统德育的区别之一就在于其意图的隐蔽性,它的信息输出并没有直接的意图表露,而只是潜移默化地影响着学生。这样不仅会给学生留下更多空间去思考、去捕捉那一点空白,更有利于激发学生的好奇心,促使学生不断去探索未知的东西。

数字德育的趣味性首先体现在其资源和信息的丰富性和实效性。其中包括了社会中现实的道德问题、教育领域的新动态以及体育和娱乐八卦类的信息等,有助于拉近与学生生活的距离,不仅满足了学生的精神需求,也使学生在网络信息中找到关注点、思考点和快乐点。与此同时,数字化平台在与时俱进中呈现出各类时政热点,只要学生善于时刻关注国家的发展动态和人民群众对国家的期待,便能够很容易地将平台中的最新动态与生活实际相衔接,获取自己想要的东西。趣味性还体现在它依托数字化媒介,融文字、声音、图像、影视等于一身,为学生的生活增添了乐趣。比如微信、微博、QQ、论坛、漂流瓶、校园BBS等等,无不为学生创造着一种轻松有趣的线上生活。随着智能化的发展,移动通信设备、电脑笔记本、iPad、Kindle等逐渐畅游于每个学生的日常生活中,他们涵盖了比电脑更丰富、更便捷的功能,学生在这些"拇指运动"中进行自我教育和学习,直接排除了枯燥、单一的教育过程。总之,数字资源的不断丰富多彩也使人

本德育的教育内容呈现出立体、动态、丰富、有趣的特征。①数字德育使学生真正体验到线上平台学习的主动性和自主性,感受到了自我教育所带来的主体性幸福。这种幸福的获得是最真实的,也是最踏实的。

3.数字德育致力于发展人、完满人、成就人

新时代人本德育的数字化转型也是不断丰富人、发展人的必然需要。在立体化的德育时空中,人既处于现实的物理空间中,也存在于社会空间和数字空间中。换言之,一个人在日常生活中的行为都会受到这三大空间对自身的合力影响。因此,当每个人都直面三大空间时,人本德育应该做出相应的调整,并全面加强和重视学生的数字素养培养,比如数字信息素养、数字创造素养、数字图像素养、数字权责素养、数字法治素养等,以塑造更完整的人。但是学生遨游在数字空间中,对数字的驾驭和操控过程不可避免地存在潜在的伦理风险,需要德育教师高度警惕和重视。所以,在具体的数字德育中,教师要引导学生恪守数字伦理底线,坚持数字伦理道德;培养运用数字的权利,履行相关的数字义务等。在数字化的时代能时刻恪守数字伦理规则,坚持谨慎负责的态度。只有这样,才能让自己自由自在地畅游于数字时空,享受数字化社会对个人的心理、情感、人格的养成,最终成为更完满的人。

---

① 毕西娟.以拇指文化为载体,加强高校思想政治教育[J].新西部,2009(2).

（三）利用数字德育的优势资源，获得多元幸福途径

从数字化浪潮涌入校园之日起，就已经注定了"未来德育"的发展新趋势，即德育与数字化高度融合，对于各类教育的开展可谓是打开了一个新"盲盒"。教育数字化自身的特点所显示出来的优势，已充分证明了数字网络对于延伸教育空间方面不可忽视的作用。不可否认，传统德育虽然没有太多网络的介入，但学生通过知识的学习，也能从中找到获得好成绩时的幸福。但是在信息化、数字化时代，既然学生每天都遨游在数字化的世界里，他们已经享受着数字化带给自己的其他所给予不了的获得感和幸福感，若德育教师不想突破自我或尝试新科技，其实也是对学生的不负责任。而且仅仅依靠线下教师讲授，线下资源毕竟是有限的，学生在校园这样一个有限的空间中，远离了超脱校园之外更多的可能性和创新性，实属遗憾。但幸运的是，我们今日的教育是全时空开放、全方位共享、全员沉浸式教育。立足新时代，我们可以自信地说，人本德育已经走在时代发展的前列，数字德育的开展不仅拓展了德育可以施展的空间，更丰富了学生获取幸福的方式。

面向数字化的转型，高质量人本德育建设需要全方位发力和统筹建构。这涉及人本德育的理念建设、教材建设、教育方法建设、教育目标的设定、教师队伍建设、评价方式构建等多个维度。

1.重塑完善的人本德育目标

论人本德育的幸福价值追求

传统德育的培养目标主要侧重于对学生的道德意识、道德情感和道德行为的培养和引导,而数字时代下的德育除了简单的德性引导培养外,逐渐从"培养人"走向培养"数字道德人"。的确,在传统的德育中,其培养目标主要集中在培养出遵守交通秩序、课堂秩序,能爱护环境、遵纪守法,能乐于助人、与人为善,能见义勇为、救死扶伤的学生,简言之,就是要培养能恪守和遵循社会公德、职业道德、家庭美德的道德人。这种培养目标本身没有问题,即便是今日的德育,依然需要继续培养学生的这些优秀的德性。但是数字化时代为人本德育提出了新的要求,是要在实现传统德育培养目标的同时,还需要塑造学生的"数字道德"素养,培养"数字道德人"。这可谓是人的更丰富的转型和发展。这里蕴含着一个人从普通的"道德人"升级为"数字道德人"的身份转化。也正是人本德育的数字化转型,不断推动了一代又一代青年学子成为新时代的"数字道德人"。新时代的新生其实从出生之日起,就与数字发展有不同程度的交集,但是这不等于就拥有数字道德素养,而是需要后天在日常生活的实践中或接触中逐渐培养自己的权责意识、数字道德意识、数字法治意识、数字安全意识等。因此,立足新时代,要真正地在实现高质量的数字教育中引导学生严格遵守智能化空间中的伦理规范,运用合乎道德、合乎法律要求的方式参与数字生活,塑造自身能独立自主地参与道德活动并能培养自身独立的数字道德素养,这是新时代高质量人本德育全面建设的必要措施。

2.加强人本德育教材建设,加速数字化教材的建设和创新

德育教材是开展德育工作的最基本的依据和范本。高质量的德育教材体系是开展高质量德育的最基本的条件和前提。无

论国家层面还是学校层面,都非常重视学生教材或教师辅导教材的制定和修订。面对德育数字化转型的浪潮,德育教材的编纂也急需做出相应的调整和创新,以适应数字化时代德育开展的浪潮。一方面,人本德育的课程需要进行全方位数字化改造,无论在教育形式还是在内容设定上,都应该体现出时代数字化的蜕变。这个蜕变应该是彻底的,要杜绝"两张皮"的情况。上到国家政府、省政府等地方政府,下到各学校以及学校教师,首先必须精心研究对德育数字化改造的适应,并在具体的德育中充分运用线上的精品课程、慕课课程、优秀的数字影视资源、全国高校的在线精品课程等,不断探索创新教学形式的技术化、多样化、创新化、生活化和趣味化,让德育课程与学生的日常生活紧密相关,凸显育人性、趣味性、多样性,进而调动学生学习的积极性和创造性。另一方面,加强对教材的数字化改造,打造学生易懂易学益发展的教材。目前,人本德育的教材基本仍然以纸质版教材为主,在此基础上,要打造出版能对学生有吸引力和育人价值的数字化教材。数字化教材的特征是以数字化为形态,其中的教材内容可以实时更新或阶段性更新,可以线上实现学生与教师之间的远程互动,并帮助我们记录师生数字交往轨迹。同时教师还可以在线上实时观测学生的线上动态,及时给予督促、表扬、鼓励等。这促进了师生之间针对教材发展的融通交往。

3.构筑自助、互助的学习与实践平台

从本体角度讲,人本德育是学生自主学习、自主实践的自我教育过程。随着人本德育数字化进程的不断推进,不仅为人本德育的课程设计、教学方式和理念提出了新的挑战,也为人本德育在数字化生活中重新确立人的主体地位,寻找和拓展人的存在价值提供了机遇。这就要求人本德育抓住机遇,利用网络创设参与和互助学习平台,以促进学生的学习交流,使学生真正达到自我锻炼、自我检查和自我成长。

首先,完善开放式资源共享平台,使学生能通过数字化平台,足不出户,便捷地共享来自全国甚至是全球的优秀资源。比如教师可以利用网络存储技术将有关教学信息存储备份到网络存储器中,也可要求每个学生备份各自电脑中的内容到存储器,还可以开辟每个项目的存储空间,将重要资料置于其中,从而实现教学信息资源的历时性共享。

其次,充分发挥数字化的自主、自由特性,营造出互助交流的学习环境。一方面,学生可以在数字化平台中制定个人学习计划,并以自己喜欢的方式记录每天的"幸福日程"。数字网络能对学生的学习过程进行完整记录,能够随时监测到学生当前的学习状态和遇到的无解困难,并能对常见问题进行分析、引导和提示,以便学生能对自我学习成果进行针对性总结,对自己对未来做出规划。学生也可以选择性地通过数字化平台分享,给他人以借鉴。当然数字网络平台学习除了自助学习外,还可以以"创新小组"形式开展,每个小组设定自己的学习目标,记录自己的学习过程,这样既可以节约课堂时间,提高学生的学习效率,还可以利用数字平台中的保存功能,更长久地记录小组的学习过程,这对于日后的人生都是一种"幸福的回忆"。另一方面,网络既可以充当资源库、信息处理平台,同时也是交流平台。教师要按照每学期的教学计划,设定每个专题不少于5个的"头脑风暴"话题,让学生在一定时间范围内参与话题研讨,教师实时对学生的参与过程给予宏观指导,若有特殊问题,要及时引导学生调整。

教师应鼓励学生独立自主地提出问题,开展自主探究活动,并积极与学习伙伴合作,实现各个参与者同步或异步的交流、协作。

最后,数字化的学习平台还应该向学生提供各种数字化的活动。这一过程需要教师在开学前,提前在平台中设置好学生需要完成的任务或一些自由选择项目,比如线上的"我是志愿者""守护绿色家园""扶贫支教""募捐行善""紧急救助"等。这些活动的开展诠释了"奉献、友爱、互助、进步"的志愿者精神。要引导学生发扬助人自助的精神,激发学生参与助人的积极性,因为帮助他人也是在成长自己。正如《论语·里仁》中所言:"德不孤,必有邻。"[1]学生学会助人技巧后,就会在助人过程中体会到自我的存在感、价值感和幸福感。

这种自助、互助的数字化平台大大提高了学生学习的主动性和积极性,增加了师生之间交流的机会、增进了师生的感情,同时也有利于教师与学生之间形成有效的监督和评价机制。

(四)开发人本德育主题网站,构建网站联盟

要提高人本德育数字化的教育功能,网站建设是基础,是核心,是数字德育开展的关键环节,也是中心环节。在具体的人本德育中,既可以使用在数字平台上的现有优质资源,比如哈佛的幸福课、耶鲁大学的心理基础课以及国内的"开讲啦""我是演说家""中国诗词大会""典籍里的中国"等数字化电视节目,这些节

---

[1] 洪镇涛主编.论语[M].上海:上海大学出版社,2012:38.

论人本德育的幸福价值追求

目之所以能吸引如此多青年人的眼球，就在于其精神层面的引导价值，也可以联合学校党办、宣传部、团委等部门，运用本地的文化资源、精神资源、发展资源等拍摄符合自身需求的优质宣传片或微电影、微视频等，还可以在学生的暑期或寒假的社会实践中录制视频或拍照片，最终做成纪录片等。在优酷、搜狐、腾讯等视频软件上，都可以共享足以让你眼花缭乱的各种在线直播课程，这些节目的举办，也为我们开展数字化德育建设带来有益的启发。

人本德育由于其独特的人文特性，使得它在专属道德教育的同时，也兼具培养学生学会生存、学会生活和追求幸福的能力。因此人本德育在开发主题网站时，应凸显"人本"和"生活"两个特性。首先，设计独特的网站页面和板块，增强网页的审美性和诗意性，凸显板块的趣味和魅力。只有当学生将数字化教育真正视作自己生活的一部分时，网站的设计才是有意义的。比如可以设计"跳动的生活""行走在十字路口""幸福从'德'开始"等主题板块，不仅可以吸引学生眼球，提高点击介入的可能性，而且还可以从数字空间中体会道德与生活、道德与幸福的关系。在自行设计网络德育主题的同时，也要依据本学校的资源和特色，结合学生的兴趣和习惯，因地制宜，设计出真正符合人、满足人的创新型网站。

除此之外，还要努力构建德育主题网站联盟。"联盟"就意味着聚集全国众多人本德育网站的网络资源，实现网站资源共享，加强网站之间的合作与交流，形成极富震撼力的人本德育新阵地。因此，通过与其他教育网络、行业性网络建立大量的友情链接，可以延展并丰富人本德育在数字平台中的现有信息。在信息提取过程中,坚持"多方连接、友情互助、互利互用"的原则,在具体实践中,采取"网址互联""信息共享""资源共建"等方式,吸收和借鉴含有德育功能的信息,逐渐形成德育网络在更广层面上的资源支持环境。

(五)依附"线上"交往软件,丰富德育载体

在这样的数字化时代,每个人的每一天每一小时每一分钟,无不在与数字化打交道。尤其是比较普遍的游戏、微信、QQ、快手、抖音等。有人说,"生活中可以没钱、没房和没车,但不能没有微信、游戏和微博。"对大学生而言更是如此。可见,各种交往软件逐渐占据了人们大部分的生活空间,成为人们无法割舍的"生活工具"。因为在这里,他们可以通过聊天—评论—反馈模式获取自己想要的各种信息,还可以通过语音和视频来享受忙碌过后的轻松快感。这种学习、交流的方式对他们来说,又何尝不是一种幸福呢?人本德育应该紧随时代潮流,把握学生兴趣趋向,充分利用交往软件的平台,拓展学生获取幸福的空间。

当前,微信因其功能的日益强大和全面,成为新时代青年人的"藏兜宝",其功能的日益全面和便捷的多样服务,使其已成为备受人们青睐的交往媒介。微信是腾讯公司于 2011 年 1 月 12 日推出的一个为智能终端提供即时通信服务的免费应用程序。它支持跨同运营商、跨操作系统平台通过网络快速发送免费语音短信、视频、图片和文字,同时还可以使用通过共享流媒体内容的资料和基于位置的社交插件"摇一摇""扫一扫""漂流瓶""朋友圈""公众平台""语音记事本"等。截至 2024 年 5 月,注册

用户量已经突破 10 亿人次。

"公众微信号"可以说是我们学习并获取信息的重要途径，人们只需搜索标题并点击"关注"，便可以获得我们想了解的信息，比如"中华传统文化""人民日报""学术中国""思政热点"等，并通过"朋友圈"分享自己的所思所想。人本德育可以充分利用微信平台，推荐学生关注一些当前的热点问题的解读、传统文化类的优质文章、心理健康相关的文章等与学生需求高度契合的高质量内容，也可以通过建立师生微信群，增进师生的交流互动。这些都是人本德育在微信平台上进行教育、实现学生幸福的重要途径。

不可否认，网络在丰富学生生活、带给学生幸福感的同时，良莠不齐的信息也时时刻刻酝酿着隐患。但人本德育工作者首先自身应该坚定立场，积极引导学生面对网络社会要坚持辩证的思维，敢于与有价值误导倾向的信息作坚决斗争，真正发挥数字平台在延展德育课堂、拓展幸福空间中应有的作用。

（六）重视建构具有数字素养的教师队伍的建设

在新时代，讲好人本德育课，关键在教师。在数字化飞速发展的时代，需要着重建设一支新时代的具有良好数字素养的教师队伍。这项任务既可应对当前大形势下对教师提出的新要求，也是提升国民整体素质的必然之举。具体而言，可以从以下几方面着手开展。

首先，学校数字化建设离不开学校的核心领导层对德育数字化改革和运用的大力坚持和推动。可以说，领导层对教育数字化转型的理解和态度,直接影响了该校数字转型的深度和广度。因此,校领导包括校党委书记和校长,如果全面客观地认识到教育数字化的必然趋势,自然会将教育数字化置于教育发展的首要地位。校方会积极构建以学生为中心的育人环境,并且全方位地对教师给予专业培训、资金支持,并制定相应的奖励制度,从而不断吸引教师全方位投入到数字化的学习和工作中,从专业资源、激励机制、情感支持等各方面支持教师提升数字素养。

其次,学校可以以学年为周期开展教学展示活动,这也是检验数字化建设的效果和继续完善的重要机遇。第一,在教学展示过程中要充分实现数字技术与教学的融通融合,并大力表彰在教育数字化过程中的榜样教师,评选出优秀的教学设计、教学案例,尤其是其中的数字化案例,对在教学中对教学方法和教学理念运用得恰到好处且有广泛借鉴意义的教师,要进行表彰。校长的重视态度、政策倡导和资源投入构成了激励教师积极提升数字素养的制度和文化环境,通过传达积极的"信号",深刻影响着教师对数字化转型的态度和行为。第二,主管部门领衔构建起一个协同、开放、联动的教师数字素养提升平台。各级主管部门要出台更细致的教师数字素养培养计划,具体包含培训周期、频率、效果、考核等。要核查各学校的数字化设备的安置情况,能否正常投入使用。要根据不同地区的实际情况给出指导性意见。在人工智能、大数据等新技术普及下,要注重对教师的数字技术素养提升培训。可以通过入职前、入职中、入职后多样化的类型培训并配合针对性考核,引导德育教师更快地熟练数据采集、数据分析和数据应用的技术、大数据测量和评价技术等,从而使数字德育的开展更加智能化和精准化。第三,加强德育教师对科学技术和数字化的理性反思。在2023年由中国信息通信研究院发布的《全球数字治理白皮书(2023年)》中指出,在今天的全球数字治理中,依然存在着数据隐私保护、数据鸿沟、网络风险、人工智能伦理等问题。更严重的是,数字化的发展可能会让人的人格遭受宰割,形成新的人的"物化"和"异化",人失去了自我的主体性,被迫成为数据的奴隶。对此,德育教师在教育中要引起高度重视。所以,在对德育教师开展培训时,也要把关于数字化技术和数字伦理风险的内容作为核心部分,这样才能在德育工作中实现数字化和德育工作有效融合,进而在数字转型中实现学生的数字素养的提升和人的全面发展。

(七)构建具有引领价值的数字化德育的评价方法

人本德育的评价是对已开展的德育工作质量的反思,具有一定程度的导向和激励意义。新时代建设高质量的人本德育,需要高水平的评价体系发挥考核引领作用。其一,运用人工智能、大数据等先进技术开展评价,强化了评价的多元性。通过全面评价,教师能够全面评估学生的道德认知、道德情感和道德意志的发展情况。通过数字化方式,不仅能让教师及时了解学生的道德情感培养情况,也能使学生父母及时通过数字化平台了解到孩子的道德表现,同时,家长也能在数字化平台中对学校层面的评价给予肯定或建议,也可以直接参与对自己的孩子和其他学生实践行为的评价,最终打造出学校、教师、家长三位一体的评价格局。其二,注重对学生的过程性考核评价。教师亲自手动统计学生在学习过程中的表现,存在数据统计的全面性和准确性问题。线上统计和评价则比较准确。其中数据包括教师的教学课时、教学活动的内容和频率、教师评价以及学生的任务完成度、学生在学习过程等的资料进行收集整理,或将学生在实践活动中表现拍成视频或图片,教师和家长都可以通过线上的方式观察自己的学生或孩子的表现,进而协调改进策略,这样的评价更精准、更客观、更多样,助力家校双方共同为孩子的成长助力加油。其三,对学生的增值性评价。"增值性评价"是指教师在德育的实践过程中,能够发现每个学生在道德意识、道德情感和道德意志、道德实践中的成长,从中观察出每位学生的"增值"部分,并通过对学生的"增值"部分给予相应的奖励,激发学生自我道德培养的信心,并投身道德实践,向着更好的自己大踏步迈进。

§ 论人本德育的幸福价值追求

结　语

倡导"以人为本"的德育,不仅是对传统德育深刻反思的结果,更是德育未来的发展方向。德育由"知性"转向"人本",从"书本"走进"生活",从"现实"走向"虚拟",不仅意味着国家在教育理念上的与时俱进,使人本德育在教育领域中逐渐占据更多的主动,更关键的是它象征着"人"这一主体逐渐融入人们的视野,并在教育领域中掌握更多的话语权。

人本德育本在教育,意在引导,是在学生的灵魂深处激发源于内在的对和善、德性、美德的热爱和追求,引导人的灵魂由知性转向对于真、善、美的向往,对于幸福的追寻。固然,人本德育离不开知识教育,但即使当作一部分知识教育的时候,知识也应当是柏拉图眼中作为理性直观最高产物的"知识",因为这种知识是对人心灵整体的关照,无关它纯粹的使用性和实用性。现代德育之所以出现些许的方向偏差,也是与没有真正发挥知识的真、善、美性质的功能有关。所以人本德育内在地包含着新的知识架构,以及通过知识和生活的衔接引导人心灵向善的转向,向"善"其实质就是转向幸福。幸福是人本德育的最根本、最高层次的指向,它所要塑造的不是"知识人",而是富有完满精神境界的"幸福人"。

　　毋庸置疑,人本德育一直走在追寻幸福的路上,伴随着新时代教育理念和方法的精神洗礼,人本德育追寻幸福的内涵和意义也随之不断地丰富、不断地精彩,使幸福这种看似遥远的"抽象"变得更加真实,更加靠近自己。倡导人在与自然的接触中,共生"人景合一、情景交融"的幸福;在与社会的沟通中,共享"清廉、公正、法治"的幸福;在人与人的交往中,共创"互助和谐"的幸福。我们始终相信,新时代人本德育对幸福价值追求会有一代又一代的青年人继续无限开创和推进,朝着人本德育的高光时刻共同迈进。

参考资料

[1]马克思恩格斯全集[M].北京:人民出版社,1979年版

[2]马克思恩格斯选集[M].北京:人民出版社,2012年版

[3]习近平谈治国理政(第一卷)[M].北京:外文出版社,2018年版

[4]习近平谈治国理政(第二卷)[M].北京:外文出版社,2018年版

[5]习近平谈治国理政(第三卷)[M].北京:外文出版社,2020年版

[6]习近平谈治国理政(第四卷)[M].北京:外文出版社,2022年版

[7]马克思.1844年经济学哲学手稿[M].北京:人民出版社,1979年版

[8][古希腊]亚里士多德著,廖申白译.尼各马可伦理学[M].北京:商务印书馆,2003年版

[9]苗立田编.亚里士多德选集(伦理学卷)[M].北京:中国人民大学出版社,1999年版

[10]袁本新,王丽荣.人本德育论[M].北京:人民出版社,

2007年版

　[11]王东莉.德育人文关怀论[M].北京:中国社会科学出版社,2005年版

　[12]王东莉.德育人文关怀实践论[M].杭州:浙江大学出版社,2015年版

　[13]万斌.智慧之光[M].上海:上海人民出版社,2001年版

　[14]马建青(主编).大学生心理健康[M].北京:人民出版社,2011年版

　[15]鲁洁.道德教育的当代论域[M].北京:人民出版社,2005年版

　[16]冯建军.生命与教育[M].北京:教育科学出版社,2004年版

　[17]罗素.幸福之路[M].北京:中央编译出版社,2009年版

　[18]王树人.西方著名哲学家传略(上卷)[M].济南:山东人民出版社,1987年版

　[19]奥古斯丁.忏悔录(第10卷)[M].北京:商务印书馆,1963.

　[20]赵祥麟著,王承旭编译.杜威教育论著选[M].上海:华东师范大学出版社,1981年版

　[21]赵汀阳.论可能生活[M].北京:中国人民大学出版社,2010年版

　[22]刘次林.幸福教育论[M].北京:人民教育出版社,2008年版

　[23]高德胜.知性德育及其超越[M].北京:教育科学出版社,2003年版

[24] 高德胜.生活德育论[M].北京:人民出版社,2005年版

[25] 孙迎光.诗意德育[M].上海:上海三联书店,2011年版

[26] 泰勒·本-沙哈尔.幸福的方法[M].北京:当代中国出版社,2007年版

[27] 约翰·杜威.民主主义与教育[M].北京:人民教育出版社,2001年版

[28] 内尔·诺丁斯.幸福与教育[M].北京:教育科学出版社,2009年版

[29] 内尔·诺丁斯.学会关心——教育的另一种模式[M].北京:教育科学出版社,2003年版

[30] 于光.德育主体论[M].北京:中国社会科学出版社,2010年版

[31] 雅斯贝尔斯著,邹进译.什么是教育[M].北京:三联书店,1991年版

[32] 马斯洛著,林芳译.人性能达的境界[M].云南人民出版社,1987年版

[33] 冯俊科.西方幸福论——从梭伦到费尔巴哈[M].北京:中华书局,2011年版

[34] 斯宾诺莎著,贺麟译.知性改进论[M].北京:商务印书局,1960年版

[35] 卢梭著,李平沤译.爱弥儿(下卷)[M].北京:商务印书馆,2008年版

[36] 米哈里·契克斯米哈赖.幸福的真意[M].北京:中信出版社,2009年版

[37] 王国轩译注.大学·中庸[M].北京:中华书局,2006年

版

[38]陈根法,吴仁杰.幸福论[M].上海:上海人民出版社,1988年版

[39]罗国杰.马克思主义伦理学[M].北京:新华出版社,1982年版

[40]俞可平.政治与政治学[M].北京:社会科学文献出版社,2005年版

[41][法]贡斯当著,阎克文等译.古代人的自由与现代人的自由:贡斯当政治论文选[M].上海:上海人民出版社,2005年版

[42]曼弗雷德·弗兰克.个体的不可消失性[M].北京:华夏出版社,2001年版

[43]威廉·赫舍尔.人是谁[M].贵阳:贵州人民出版社,1994年版

[44]费尔巴哈哲学著作选集,荣振华译[M].北京:商务印书馆,1984年版

[45]饶尚宽译注.老子[M].北京:中华书局,2006年版

[46]谭维智.庄子道德教育减法思想研究[M].北京:北京师范大学出版社,2011年版

[47]黄丽,骆宏.焦点解决模式:理论和应用[M].人民卫生出版社,2010年版

[48]金生鈜.德性与教化[M].长沙:湖南大学出版社,2003年版

[49][印]克里希那穆提.一生的学习[M].北京:群言出版社,2004年版

[50][美]芭拉拉·弗雷德里克森.积极情绪的力量[M].北

243

京:中国人民大学出版社,2010年版

[51] O.F.博尔诺夫著,李其龙译.教育人类学[M].华东师范大学出版社,1999年版

[52] [德]斯特凡·克莱因著,方霞译.幸福之源[M].北京:中信出版社,2007年版

[53] [英]怀斯曼著,李磊译.正能量[M].长沙:湖南文艺出版社,2012年版

[54] 卡尔·罗杰斯著,杨广学等译.个人形成论[M].中国人民大学出版社,2004年版

[55] 魏金声.现代西方思潮的震荡[M].北京:中国人民大学出版社,1996年版

[56] 李超杰.理解生命[M].北京:中央编译出版社,1994年版

[57] 萨特著,周煦良、汤永宽译.存在主义是一种人道主义[M].上海译文出版社,1998年版

[58] 涂艳国.走向自由——教育与人的发展问题研究[M].武汉:华中师范大学出版社,1999年版

[59] 王明居.模糊艺术论[M].合肥:安徽教育出版社,1991年版

[60] [加]埃里克·麦克卢汉.麦克卢汉精粹[M].南京大学出版社,2006年版

[61] De Shazer S.Keys To Solution in Brief Therapy [M]. New York:Norton,1985年版

[62] Goud N,Arkoff A.Psychology and personal growth[M]. Allyn and Bacon,1998年版

[63] 冯芸.和谐道德教育的实现问题研究[D].山东师范大

学,2013.

[64]肖冬梅.幸福能力及其培育[D].湖南大学,2012.

[65]许莉丽,邓敏.幸福教育营造幸福人生[N].成都日报,2009-05-26A06.

[66]鲁杰.德育课程的生活论转向[J].华东师范大学学报(教育科学版),2005(3).

[67]王东莉.论思想政治教育人文关怀价值建构的现实背景[J].浙江社会科学,2004(6).

[68]王东莉.学校德育的人文关怀价值研究[J].中国德育,2008(5).

[69]王啸.论道德教育的幸福功能[J].当代教育科学,2010(14).

[70]刘铁芳.当代教育的形上关怀[J].高等教育研究,2007(4).

[71]刘铁芳.生命情感与教育关怀[J].高等师范教育研究,2000(6).

[72]刘次林."幸福教育"的100种观点[J].校长阅刊,2006(09).

[73]班华.世纪之交论德育现代化建设[J].现代教育论丛,1997(1).

[74]孙迎光.马克思"完整的人"的思想对当代教育的启示[J].南京:南京社会科学,2011(5).

[75]杨敏.微信对大学生思想政治教育的挑战及应对策略研究[J].思想理论教育,2012(6).

[76]刘顺厚.高校学生思想政治教育应注重人文关怀[J].

中国青年政治学院学报,2008(2).

[77] 尤晓阳.以人为本:马克思主义人学思想的当代演绎[J].重庆师范大学学报(哲学社会科学版),2005(2).

[78] 赵申明.怎样的人生才是幸福的？对幸福的哲学思考[J].清华大学学报(哲学社会科学版),1994(2).

[79] 彭富春.说游戏说[J].哲学研究,2003(2).

[80] 唐爱民.真实的道德生活与德育课程生活资源的开发[J].课程·教材·教法,2007(5).